Jean LAFRANCE

MA VOCATION C'EST L'AMOUR

Thérèse de Lisieux

Septième édition

MÉDIASPAUL

© **Médiaspaul,** 8 Rue Madame, 75006 PARIS
ISBN 2-7122-0461-1

Médiaspaul, 3965, boul. Henri-Bourassa Est
MONTRÉAL, QC, H1H 1L1 - CANADA
ISBN 2-89039-342-9

SOMMAIRE

ABRÉVIATIONS

A.C.L.	Archives du Carmel de Lisieux
C.J.	Carnet jaune de Mère Agnès
C. et S.	*Conseils et Souvenirs*
D.E.	Sœur Thérèse de l'Enfant-Jésus : *Derniers Entretiens*
C.S.G.	*Carnets de Sœur Geneviève*
H.A.	Sœur Thérèse de l'Enfant-Jésus : *Histoire d'une âme*
L.T.	*Lettres* de sainte Thérèse de l'Enfant-Jésus
M.A.	*Manuscrits autobiographiques*
Ms A, B, C.	*Manuscrits* A, B, C.
N.V	*Novissima Verba* (Derniers entretiens de sainte Thérèse de l'Enfant-Jésus)
P.A. Bayeux	*Procès Apostolique* de Bayeux
P.T.P.	*Prière du Temps présent*
V.T.	*Vie Thérésienne*

INTRODUCTION

« A MOI, IL A DONNÉ SA MISÉRICORDE INFINIE »

Si Jésus Christ ressuscité est vivant, il doit habiter quelque part et l'on doit pouvoir trouver son adresse, afin de le rencontrer et prendre contact avec lui ; sinon affirmer la résurrection de Jésus relève de la logomachie. Bien sûr, il y a des lieux privilégiés où l'on peut le rencontrer, je pense en particulier à l'Eucharistie et à l'Évangile. Mais je me demande si je donnerais tout de suite ces deux adresses à quelqu'un qui m'interrogerait et m'avouerait son désir de « voir » le Christ. Lire l'Évangile n'est peut-être pas la première chose à faire, mais ce n'est pas non plus la dernière !

Je crois que si Jésus est vivant aujourd'hui, on peut le rencontrer dans certains hommes qu'on appelle les saints, qui peuvent dire comme saint Paul : Ce n'est plus moi qui vis, c'est le Christ qui vit en moi (Gal 2,20). C'est d'abord ces hommes qu'il faut rencontrer, voir vivre, et c'est après seulement qu'il faut lire l'Évangile pour se rendre compte comment « cela » fonctionne, un saint, c'est-à-dire un homme vivant du Christ ressuscité.

Si Thérèse de Lisieux était encore vivante, je conseillerais à tous ceux qui veulent rencontrer un tel saint d'aller voir de ce côté-là. Son existence ne relève pas de la préhistoire : il y a quelques années (1959), une de ses sœurs, Céline, vivait encore et l'avait bien connue puisqu'elle avait été sa novice. Seulement il faut faire très attention et, comme dit le Père Molinié, il faut « avoir l'œil » sinon on peut passer à côter d'un saint, sans s'en apercevoir. C'est du reste ce qui s'est passé pour Thérèse : la plupart des sœurs qui vivaient avec elle ne soupçonnaient pas qu'elles vivaient à côté d'une sainte, peut-être la plus grande des temps modernes, et l'une d'entre elles se demandait même ce qu'on pourrait bien écrire d'elle après sa mort. C'est pourquoi il ne faut pas attendre que les saints soient canonisés pour les rencontrer. Il y a la foule des saints anonymes et « sans grade », qui vivent aussi bien en plein monde que dans les couvents, mais ils sont bien cachés et se cachent eux-mêmes pour que leur beauté ne soit connue que de Dieu seul. Et je puis vous assurer que si le Saint Esprit est bien vivant en vous, il vous donnera « l'œil » pour les voir et les reconnaître, vous n'aurez pas de peine à les dépister, car « ils ont l'air de Jésus Christ », aussi doux et aussi humble que lui.

Maintenant, si vous voulez une adresse bien concrète et facile à trouver, je puis vous en signaler une : celle de Thérèse de l'Enfant-Jésus. Appelez-la, priez-la, demandez-lui une grâce ou dites-lui que vous voudriez bien faire connaissance avec elle. Peu importe la manière dont vous l'aborderez — cela peut venir de quelque chose qui ne marche pas dans votre vie — l'essentiel est que vous ayez affaire à elle. En tant que prêtre, je puis témoigner qu'on ne la prie jamais en vain, et que très vite on ressent sa présence, surtout si notre prière est humble, confiante et persévérante.

SA PRÉSENCE ET SA MISSION

Vous ne la verrez peut-être pas physiquement, comme certains soldats ont eu le privilège de la voir au front, mais je puis vous garantir que ceux qui commencent à découvrir la présence de Thérèse dans leur vie et dans leur cœur n'ont aucune gêne pour l'aimer, la prier et pressentir sa présence spirituelle : elle entretient seulement un grand désir de voir Jésus vivant en elle et ce désir même intensifie l'amour.

Et ce qui me permet de dire cela, c'est non seulement l'expérience de ceux qui la prient mais la conviction que Thérèse a eue elle-même avant de mourir. Elle eut très vite la certitude que « sa mort prématurée ne serait pas une mise à la retraite anticipée » (P. Descouvemont, Sur les pas de Thérèse, 230). Elle eut conscience qu'elle reviendrait sur terre car elle ne mourait pas, mais entrait dans la vie.

Elle écrivait au Père Roulland, missionnaire en Chine : « Si je vais bientôt dans le ciel, je demanderai à Jésus la permission d'aller vous visiter au Su-Tchuen, et nous con-

tinuerons ensemble notre apostolat » *(30 juillet 1896, L. 193).* *Et le 24 février 1897, elle écrivit à l'Abbé Bellières, son autre frère spirituel :* « Je ne connais pas l'avenir ; cependant, si Jésus réalise mes pressentiments, je vous promets de rester votre petite sœur là-haut. Notre union loin d'être brisée, deviendra plus intime ; alors il n'y aura plus de clôture, plus de grilles et mon âme pourra voler avec vous dans les lointaines missions » *(L.T. 220).*

Bien plus, elle eut une conscience très aiguë de sa mission posthume ; non seulement, elle eut la certitude de revenir sur terre, mais elle pressentit qu'elle passerait son ciel à faire aimer l'amour. Dans la nuit du 16 au 17 juillet 1897, à deux heures du matin, après une nouvelle hémoptysie, elle dit :

« Je sens que je vais entrer dans le repos... Mais je sens surtout que ma mission va commencer, ma mission de faire aimer le Bon Dieu comme je l'aime, de donner ma petite voie aux âmes. Si le Bon Dieu exauce mes désirs, mon ciel se passera sur la terre, jusqu'à la fin du monde. Oui, je veux passer mon ciel à faire du bien sur la terre. Ce n'est pas impossible, puisqu'au sein même de la vision béatifique, les Anges veillent sur nous » *(C.J. 17,7).*

Elle alla encore plus loin dans le pressentiment de sa mission puisqu'elle eut assez vite la certitude qu'elle exaucerait ceux qui la prieraient, en leur faisant expérimenter la puissance de son intercession auprès du Père. Quelque temps avant sa mort, on lisait au réfectoire du carmel la vie de saint Louis de Gonzague qui était intervenu auprès d'un prêtre pour le guérir in extremis, en répandant sur son lit une pluie de roses. Au sortir du réfectoire, Thérèse était accoudée sur un meuble et elle dit à Sœur Marie du

Sacré-Cœur : « Moi aussi, après ma mort, je ferai pleuvoir des roses » *(C.J. 9, 6).*

Une telle affirmation frôle le paradoxe car, à la limite, elle pourrait paraître un rêve délirant. Il n'en est rien chez Thérèse qui a les pieds bien sur la terre, mais son réalisme lui fait deviner que Dieu est tout-puissant, que rien ne lui est impossible. Bien plus, ne lui ayant rien refusé sur terre, Thérèse est sûre que Dieu ne lui refusera rien au ciel. C'est pour cela que tout le monde l'aimera. Le 14 septembre, alors qu'elle venait d'effeuiller des pétales de roses sur son crucifix et que ces pétales glissaient de son lit sur le plancher de l'infirmerie, Thérèse ajouta très sérieusement : « Ramassez bien ces pétales, mes petites sœurs, ils vous serviront à faire des plaisirs plus tard. N'en perdez aucun » *(C.J. 14,9).*

« VOUS FAIRE AIMER » (Acte d'offrande)

Et maintenant, si quelqu'un demande quelle est cette mission de Thérèse, je répondrai avec les paroles mêmes de l'Acte d'offrande : « O mon Dieu ! Trinité bienheureuse, je désire vous aimer et vous faire aimer » *(M.A. p. 318). Comme nous l'avons dit plus haut, elle a elle-même précisé cette mission :* « Faire aimer le Bon Dieu. » *On pourrait dire que la passion de Thérèse a été de* « faire aimer l'amour », *si on ne craignait pas de paraphraser saint Augustin :* « J'ai aimé l'Amour avant d'aimer qui que ce soit » *(Conf. III, I, I. Lab. p. 45). Le 9 juin 1895,* « J'ai reçu la grâce de comprendre plus que jamais combien Jésus désire être aimé » *(M.A. p. 210). Thérèse a cru à l'amour et s'est livrée à lui, avec une confiance absolue.*

11

Mais il ne s'agit pas de n'importe quel amour : « A moi, dit-elle, il a donné sa Miséricorde infinie, et c'est à travers elle que je contemple et adore les autres perfections divines !... Alors toutes m'apparaissent rayonnantes d'amour, la Justice même (et peut-être encore plus que toute autre) me semble revêtue d'amour » *(M.A. p. 209). Pour Thérèse, l'amour c'est d'abord la miséricorde, c'est-à-dire la folie de l'amour du Père qui cherche l'enfant prodigue parce qu'il est blessé, malade et pécheur.*

Habituellement quand nous parlons de l'amour, nous évoquons d'abord l'attitude de l'homme : Quand je distribuerais tous mes biens aux affamés, quand je livrerais mon corps aux flammes, *et saint Paul s'empresse d'ajouter :* si je n'ai pas l'amour, cela ne me sert de rien *(1 Cor 13,3). Il faut donc avoir, recevoir, accueillir l'amour et non seulement le produire. C'est pourquoi Thérèse a merveilleusement compris que* l'amour consiste en ceci que ce n'est pas nous qui avons aimé Dieu *(1 Jean 4,10). C'est sûrement le verset le plus central du Nouveau Testament qui explique l'Amour trinitaire et l'Incarnation du Verbe.*

Ce n'est quand même pas banal, dit encore le Père Molinié : l'amour consiste en ceci que nous n'aimons pas. *Tant que nous n'aurons pas assimilé cette parole, en expérimentant notre incapacité à aimer, tant que cette parole ne sera pas à l'aise dans notre cœur, eh bien la charité non plus ne sera pas à l'aise dans notre cœur et ne circulera pas en nous : elle se débattra au milieu d'agitations innombrables.*

Il faut d'abord faire l'expérience que nous n'aimons pas, que nous sommes incapables de briser le cercle qui nous enferme sur nous-mêmes et accepter cette évidence, en se laissant vaincre entièrement par elle. Autrement la charité sera en nous comme un bon désir, un germe stérile incapable de produire des fruits authentiques.

Heureusement, il y a la suite de la parole de saint Jean : C'est lui qui nous a aimés le premier et qui nous a donné son Fils comme victime de nos péchés *(1 Jean 4,10)*. « *Pour être consolés par la seconde partie de la phrase, il faut avoir avalé la première : mais je reconnais que pour avaler la première, il faut y être aidé par la seconde ! On se met alors à aimer Dieu et le prochain d'un amour qui est une réponse infiniment pauvre, tremblante et insuffisante, à l'Amour infini entourant notre cœur de pierre* » *(M.D. Molinié,* Adoration ou désespoir, *C. L. D. 1980, p. 282)*.

Tel a été le secret de Thérèse dans sa découverte de l'Amour miséricordieux. Nous admirons toujours à quel sommet d'amour elle est parvenue, mais nous soupçonnons à peine dans quelle profondeur de misère elle est descendue pour pouvoir s'élever à cette hauteur d'amour, réalisant ainsi la parole de son Père saint Jean de la Croix : « Je descendis si bas, si bas... que je pus enfin m'élever si haut, si haut » (1).

Dans sa lettre à sa marraine, Sœur Marie du Sacré-Cœur, elle décrit bien cette gymnastique qui consiste à rebondir des profondeurs de sa misère dans les hauteurs de l'Amour miséricordieux : « O marraine chérie... si toutes les âmes faibles et imparfaites sentaient ce que sent la plus petite des âmes, l'âme de votre petite Thérèse, pas

_____

(1) Thérèse a cité elle-même ce texte *(Poésie. Deuxième Cantique sur une extase)*, dans sa lettre à Sœur Marie du Sacré-Cœur : « *Ainsi, m'abaissant jusque dans les profondeurs de mon néant, je m'élevais si haut que je pus atteindre mon but* » (M.A., p. 228).

une seule ne désespérerait d'arriver au sommet de la montagne de l'Amour, puisque Jésus ne demande pas de grandes actions, mais seulement l'abandon et la reconnaissance » *(M.A. p. 219).*

A certains jours, nous serions tentés de dire : « Ah ! si j'avais le tiers du quart de la volonté de Thérèse, je réaliserais les mêmes actes d'amour » ! Et Thérèse nous répondrait comme à ses sœurs qui admiraient sa patience héroïque durant sa dernière maladie. : « Oh ! ce n'est pas cela ! » Ce n'était pas la bonne musique, car Thérèse savait bien qu'elle était aussi faible que nous et aussi pauvre que ses sœurs, mais elle était investie d'une force qui ne venait pas d'elle et qui était la puissance même de la Résurrection ou la puissance de l'Amour miséricordieux (ce qui revient au même et se fond dans la puissance de l'Esprit-Saint), répandue dans nos cœurs par l'Esprit de Jésus. Elle aurait pu dire comme saint Michel Garicoïts à qui on reprochait de tomber en extase : « Comment faire autrement ? »

« UNE COURSE DE GÉANT »

Thérèse a merveilleusement compris que Dieu ne pouvait donner le remède de l'amour qu'à ceux qui avaient conscience d'être des malades. C'est parce qu'elle a expérimenté jusqu'au désespoir son impuissance à aimer qu'elle a pu accueillir la guérison du Sauveur. Ceux qui veulent aimer sans connaître l'humiliation d'être des pauvres et des mendiants de l'amour connaîtront d'amères déceptions car ils croiront aimer et faire les œuvres de l'Amour, alors qu'ils sont dans l'illusion et ne le peuvent pas, car ils en sont incapables.

14

Pour illustrer notre propos, il faudrait reprendre dans la vie de Thérèse quelques « miracles » — c'est le mot qu'elle emploie elle-même (M.A. pp. 71 et 107) — qui opéreront en elle des guérisons successives de ses blessures. Ainsi c'est dans le « ravissant sourire de la Vierge » que toutes les peines causées par la mort de sa mère s'évanouirent. C'est une véritable guérison qu'elle expérimenta alors. Mais il y avait encore d'autres blessures qui la gardaient dans « les langes de l'enfance » et la faisaient pleurer pour des riens.

« Il fallut que le Bon Dieu fasse un petit miracle pour me faire grandir en ce moment et ce miracle Il le fit au jour inoubliable de Noël (1886)... En cette nuit où Jésus se fit faible et souffrant pour mon amour, Il me rendit forte et courageuse ; Il me revêtit de ses armes et depuis cette nuit bénie, je ne fus vaincue en aucun combat, mais au contraire je marchais de victoires en victoires et commençai pour ainsi dire " une course de géant " » *(M.A., p. 107).*

J'avais pensé intituler cette introduction « une course de géant », car la parole du psaume (18,5), décrit bien l'itinéraire de Thérèse à la découverte de l'Amour miséricordieux qui a provoqué chez elle la confiance et l'abandon (2). Pour comprendre combien elle « avait tant de confiance en la Miséricorde infinie de Jésus » (M.A. p. 111), il faut aussi comprendre à quel point elle avait besoin de guérison, que l'ouvrage « qu'elle n'avait pu faire en dix ans,

---

(2) Ce livre rassemble treize « billets » parus dans *Vie Thérésienne* de janvier 1978 à avril 1984, autour de deux paroles de Thérèse qui forment les deux parties du travail : « *Je chanterai les Miséricordes du Seigneur* » et « *Maintenant, c'est l'abandon seul qui me guide* ». Nous avons simplement transformé ces billets en chapitres, en leur donnant un titre qui ne figure pas dans les articles.

Jésus le fit en instant, se contentant de sa bonne volonté qui jamais ne lui fit défaut » *(M.A. p. 109)*.

Alors « Je sentis en un mot la charité entrer dans mon cœur, le besoin de m'oublier pour faire plaisir et depuis lors je fus heureuse » *(M.A. p. 109)*. *C'est le prélude à l'ultime invasion de l'Amour miséricordieux, après l'Acte d'offrande du 9 juin 1895 :* « Ah ! depuis cet heureux jour, il me semble que l'Amour me pénètre et m'environne, il me semble qu'à chaque instant cet Amour miséricordieux me renouvelle, purifie mon âme et n'y laisse aucune trace de péché » *(M.A. p. 211)*. *C'est cet Amour qui fait* « retentir en son cœur le cri de Jésus sur la Croix : "J'ai soif" » *(M.A. p. 109), et la pousse à supplier pour les pécheurs.*

Nous ne pouvons pas nous étendre sur ce que Thérèse dit des effets de l'Amour dans son cœur, mais nous savons que deux ans avant sa mort, alors qu'elle faisait le Chemin de Croix au chœur, le 14 juin 1895, elle fut transpercée d'un tel trait d'amour que si cela avait duré quelques secondes de plus, elle en serait morte... Du moins, fallait-il donner la clé qui permettra de comprendre pourquoi l'Amour miséricordieux a pu s'engouffrer en elle et cette clé ouvre toujours la porte de la blessure à la hanche chez Jacob ou l'écharde dans la chair de saint Paul.

Et c'est pour cela qu'il faut avoir beaucoup de patience et de pitié pour ceux qui désireraient aimer et qui expérimentent leur incapacité à cause des blessures de leurs péchés et à cause des meurtrissures faites par la main des hommes ou tout simplement à cause de l'hérédité de leur naissance. Il ne faut pas les décourager et avant de les inviter comme Thérèse à entrer dans cette « course de géant », *il faut leur* dire : « Allez à l'hôpital vous faire soigner, avant de vouloir faire la course de l'Amour. »

Pour ceux qui souffrent de ce manque de confiance — parce que c'est toujours la confiance et rien que la confiance qui mène à l'Amour, dit encore Thérèse — il y a un mot qu'il ne faut pas leur dire, c'est « courage », parce que c'est précisément ce qu'ils n'ont pas, c'est comme si on disait à quelqu'un qui n'a plus d'argent : « Payez ! payez ! » Il faut lui dire plutôt : « Allez à la source où vous allez recevoir du pain et de l'eau.. justement sans payer, gratuitement. Allez vous faire consoler et nourrir. Venez et achetez pour rien », dira le Prophète Isaïe. Il y a une source qui est gratuite, c'est celle de l'Amour miséricordieux.

POUR CONCLURE...
SUPPLIER LA MISÉRICORDE...

En achevant cette introduction centrée sur la Miséricorde et avant de pénétrer dans la contemplation de cet amour miséricordieux proposée au long de ces pages, j'ai envie d'inviter le lecteur à la prière de supplication. Et je ne puis mieux le faire qu'en reprenant les paroles du Pape Jean-Paul II, à la fin de son Encyclique : Dieu riche en Miséricorde. Il dit que tout son enseignement doit se transformer en un cri de prière pour « implorer la Miséricorde de Dieu ».

« Il faut donc que tout ce que j'ai dit dans ce document sur la Miséricorde se transforme en une ardente prière, qu'il se transforme continuellement en un cri qui implore la Miséricorde selon les nécessités de l'homme dans le monde contemporain. Que ce cri soit lourd de toute cette vérité qui a trouvé une si riche expression dans l'Écriture Sainte et dans la Tradition, comme aussi dans l'authentique vie de foi du Peuple de Dieu (donc dans la vie de foi de Thérèse). Par un tel cri, comme les auteurs sacrés, faisons appel au Dieu qui ne peut mépriser rien de ce qu'il a créé, au Dieu qui est fidèle à lui-même, à sa paternité, à son amour » Éditions du Cerf, pp. 79 et 80).

Face à la Miséricorde de Dieu, l'homme n'a rien à présenter d'autre que le cri de la « misère criante », seule capable d'émouvoir les entrailles de la Miséricorde du Père. « Implorer la Miséricorde » (c'est l'expression du Saint-Père) pour nous et pour tous les hommes devrait constituer la toile de fond de chacune de nos oraisons qui est, selon Thérèse, le point d'appui du levier qui soulève le monde dans l'Amour (M.A. p. 312). Dans l'Acte d'offrande, Thérèse nous laisse pressentir que le fond de sa prière était constitué par la louange, l'abandon et la supplication.

Et au moment où elle a contemplé l'Amour miséricordieux penché sur chacune de ses créatures et la suppliant de bien vouloir l'accueillir, Thérèse se met elle-même à supplier cet Amour de bien vouloir se répandre dans son cœur. Nous sommes devant un assaut de supplications : la supplication de Dieu qui mendie le consentement de l'homme et la supplication de Thérèse qui ne fait que répondre à celle de Dieu :

« Afin de vivre dans un acte de parfait Amour, je m'offre comme victime d'holocauste à votre Amour miséricordieux, vous SUPPLIANT de me consumer sans cesse, laissant déborder en mon âme les flots de tendresse infinie qui sont renfermés en vous et qu'ainsi je devienne Martyre de votre Amour, ô mon Dieu !... » (M.A., p. 320).

*C'est pourquoi les manuscrits autobiographiques se ter-
minent sur l'humble prière du publicain, qui est, avec le
bon larron et Marie-Madeleine, le grand maître de la prière
de nos frères chrétiens orientaux. Que Thérèse nous
obtienne le cœur brisé de repentir — seule attitude capable
d'attendrir le cœur du Dieu de Miséricorde — même si Dieu
nous a préservés du péché... alors le véritable Amour trinitaire, humanisé dans le cœur du Christ et devenu pour nous
l'Amour miséricordieux pourra circuler librement en nous :*
« Ce n'est pas à la première place, mais à la dernière que
je m'élance ; au lieu de m'avancer avec le Pharisien, je
répète, remplie de confiance, l'humble prière du Publicain ;
mais surtout j'imite la conduite de Madeleine, son éton-
nante ou plutôt son amoureuse audace qui charme le cœur
de Jésus, séduit le mien. Oui, je le sens, quand même j'aurais
sur la conscience tous les péchés qui peuvent se commettre, j'irais, le cœur brisé de repentir, me jeter dans les bras
de Jésus, car je sais combien il chérit l'enfant prodigue qui
revient à lui. Ce n'est pas parce que le Bon Dieu, dans sa
prévenante Miséricorde, a préservé mon âme du péché mortel que je m'élève à lui par la confiance et l'amour » *(M.A.,
p. 313).*

I
JE CHANTERAI
LES MISÉRICORDES
DU SEIGNEUR

1

« MONTRE-NOUS TON VISAGE
DE MISÉRICORDE »

Ce n'est pas sans une certaine réticence que Thérèse a répondu au désir de sa sœur Pauline qui lui demandait d'écrire l'Histoire de son âme. Et la raison de cette réticence est bien simple : Thérèse craint qu'en se racontant, elle se mette au centre du tableau en s'occupant d'elle-même, alors que c'est Dieu qui doit toujours être à la première place et que l'homme trouve sa véritable grandeur lorsqu'il est à genoux, à la place seconde. Dans la littérature et la correspondance spirituelles, il y a trop d'hommes qui se racontent au lieu de se tourner uniquement vers Dieu. Il en va de même dans la prière qui est pour beaucoup une dégustation de leur « moi » plutôt qu'un regard uniquement porté sur Dieu et son amour miséricordieux.

Comme toujours, Thérèse intériorisera le désir de sa sœur Pauline et Jésus lui fera « sentir » dans la prière combien elle lui est agréable en obéissant simplement. Notons en passant combien Thérèse ne s'en laisse jamais imposer par rien d'extérieur ; la volonté de Dieu lui vient du dehors bien sûr, mais est toujours inscrite au plus profond de son être, « sur les tables de chair de notre cœur ». Dans la prière, Thérèse « sentira » qu'en obéissant à sa sœur, elle est agréable à Jésus :

« Le jour où vous m'avez demandé de le faire, il me semblait que cela dissiperait mon cœur en l'occupant de lui-même, mais depuis Jésus m'a fait sentir qu'en obéissant simplement je lui serais agréable ; d'ailleurs je ne vais faire qu'une seule chose : commencer à chanter ce que je dois redire éternellement : "Les Miséricordes du Seigneur" » (M.A., p. 3).

VOCATION ET MISSION

Ainsi la situation de départ est claire. Il importe peu de se réjouir ou de dramatiser à propos de notre personne ; ce qui est important, c'est Dieu, sa sainteté et surtout son amour miséricordieux. Thérèse sait bien que sa vocation profonde sur terre et de l'autre côté sera de redire éternellement les miséricordes du Seigneur. En ce sens, sa mission continuera dans l'au-delà et c'est pourquoi « elle passera son ciel à faire du bien sur la terre », c'est-à-dire à aider les hommes à faire uniquement confiance à la miséricorde de Dieu. Elle n'aura jamais fini d'user son regard à scruter la miséricorde, de même que nous usons nos yeux et notre intelligence sur terre à essayer de comprendre ce visage le plus profond de Dieu, à savoir celui de sa tendresse et de sa miséricorde.

En précisant ainsi le propos de Thérèse au début des Manuscrits, nous nous limiterons : aussi ne s'agit-il pas de faire une étude exhaustive sur la miséricorde de Dieu ou sur la manière qu'a Thérèse de chanter, en les modulant, les miséricordes du Seigneur, mais plus simplement d'entrouvrir quelques portes sur ce mystère. Face au mystère de la miséricorde, nous avons souvent l'impression d'être devant des portes en face desquelles nous demeurons muets.

Alors essayons simplement de demeurer en silence devant ces portes derrière lesquelles il y a quelqu'un qui frappe (Apoc 3,20) et laissons l'Esprit les entrouvrir pour nous. Il faut laisser faire cette présence de Dieu en nous et nous laisser conduire par la main jusqu'au seuil du mystère.

Le but de la théologie spirituelle est latéral par rapport à celui de l'expérience chrétienne, ce qui revient à dire que la théologie est profitable à ceux qui ont déjà reçu le choc du coup de foudre de la miséricorde. Tant que le visage de la miséricorde ne s'est pas imposé à nous du dedans comme un feu dévorant, les réflexions de la théologie sur ce mystère risquent de laisser en nous comme un goût de cendre. C'est pourquoi nous avons toujours une appréhension à en parler en dehors du climat de prière d'une retraite. Comme dit Karl Rahner : « Notre théologie sera une théologie à genoux ou ne sera pas ».

C'est pour cela que nous consacrerons cette première partie à une approche du climat de prière qui a permis à Thérèse de chanter les miséricordes du Seigneur. Par la suite, nous nous attacherons à sa perception du Visage de miséricorde qu'elle a entrevu dans la prière, mais en même temps nous regarderons comment elle a perçu son propre visage en relation avec celui de Dieu. En effet, il n'est pas possible de découvrir la miséricorde de Dieu si on n'a pas une conscience aiguë de son visage de misère et du besoin qu'on a d'être sauvé.

THÉRÈSE ÉCRIT POUR PRIER

Sitôt après avoir dit qu'elle veut uniquement chanter les miséricordes du Seigneur, sans s'occuper d'elle-même, Thérèse indique le climat de prière dans lequel elle veut rédiger ces pages. C'est pour nous une indication très pratique de la manière dont il faut aborder ces billets. Si nous ne le faisons pas dans un climat de prière, nous risquons de ne rien comprendre à la pensée de Thérèse :

« Avant de prendre la plume, je me suis agenouillée devant la statue de Marie (celle qui nous a donné tant de preuves des maternelles préférences de la Reine du Ciel pour notre famille), je l'ai suppliée de guider ma main afin que je ne trace pas une seule ligne qui ne lui soit agréable » (M.A., pp. 3-4). Ainsi c'est dans un climat de supplication et d'intercession que Thérèse veut écrire ce que l'Esprit lui suggérera. Elle n'écrit pas seulement pour le fait d'écrire ou d'être lue, mais pour prier. Il s'agit alors de la prière par laquelle elle se situe devant Dieu en fixant les mouvements de la grâce en elle afin d'en garder spirituellement le souvenir et d'en rendre grâce à Dieu.

Ainsi elle poursuit : *« Ensuite, ouvrant le saint Évangile, mes yeux sont tombés sur ces mots : "Jésus étant monté sur une montagne, il appela à Lui ceux qu'Il lui plut, et ils vinrent à Lui"* (Saint Marc, ch. III, v. 13). *Voilà bien le mystère de ma vocation, de ma vie tout entière et surtout le mystère des privilèges de Jésus sur mon âme »* (M.A., pp. 4-5). Ainsi Thérèse contemple les privilèges de Jésus en elle, les voies mystérieuses qu'il fraie en sa créature pour l'entraîner à sa suite. Le livre des Manuscrits nous fait comprendre dans un exemple privilégié en quel sens le fait d'écrire peut nous aider à prier. En examinant les voies de Dieu en elle, Thérèse ne se retourne jamais sur elle-même, mais découvre dans la prière le sens de l'action de Dieu en elle.

Par une telle prière, semblable à l'incessant jaillissement d'une source qui s'alimente aux profondeurs les plus mystérieuses du cœur, Thérèse atteint la Présence et l'action de Dieu en elle et tous les instants de sa destinée humaine sont transfigurés par la Miséricorde de Dieu. Les Manuscrits autobiographiques de Thérèse nous parviennent comme l'un de ces témoins providentiels grâce auxquels nous découvrons que la prière peut être une vie intérieure à notre propre vie.

On parle souvent aujourd'hui de prier dans toute la vie ou de prier dans l'action, sans bien trop savoir ce que l'on met sous ces mots, Thérèse est ainsi un témoin privilégié de cette forme de prière qui est destinée avant tout aux apôtres. Sa prière pénètre toute sa vie, comme le rythme de sa respiration et les battements de son cœur animent son corps. On rejoint là la grande idée des Orientaux qui est de couler la prière dans les deux grands rythmes de la vie humaine : celui de la respiration et celui du cœur. Il s'agit de faire descendre la prière de l'esprit dans le cœur. Pour Thérèse, c'est une prière au ras même de son existence et c'est là que se situe la véritable union à Dieu dans l'action. C'est quelque chose d'intérieur à la minute que nous vivons : pour éprouver la présence et l'action de Dieu dans la trame concrète de notre histoire.

Ainsi Thérèse n'écrit pas pour se regarder mais pour contempler les privilèges de Jésus sur son âme : « *Il n'appelle pas ceux qui en sont dignes, mais ceux qu'il lui plaît ou comme le dit saint Paul : — "Dieu a pitié de ceux qu'Il veut et Il fait miséricorde à qui Il veut faire miséricorde. Ce n'est donc pas l'ouvrage de celui qui veut, ni de celui qui court, mais de Dieu qui fait miséricorde"* » (Ep. aux Romains, ch. IX, v. 15 et 16) (M.A., p. 5).

LE VISAGE DE MISÉRICORDE DE DIEU

« *Ce n'est donc pas ma vie proprement dite que je vais écrire, ce sont mes pensées sur les grâces que le Bon Dieu a daigné m'accorder. Je me trouve à une époque de mon existence où je puis jeter un regard sur le passé ; mon âme s'est mûrie dans le creuset des épreuves extérieures et intérieures... Toujours le Seigneur a été pour moi compatissant et plein de douceur... Lent à punir et abondant en Miséricordes* (Ps. C II, v. 8). *Aussi, ma Mère, c'est avec bonheur que je viens chanter près de vous les Miséricordes du Seigneur* » (M.A., p. 7).

Ainsi lorsque Thérèse jette un regard sur sa vie, elle reconnaît que Dieu l'a toujours menée avec douceur : « *Il me conduit doucement le long des eaux. Il conduit mon âme sans la fatiguer. Il est compatissant et rempli de douceur* » (M.A., p. 7). Et cette miséricorde de Dieu, elle la lit d'abord sur le visage du Christ : *Mettez-vous à mon école*, dit Jésus, *car je suis doux et humble de cœur, et vous trouverez le repos de vos âmes. Oui, mon joug est facile à porter et mon fardeau léger* (Mat 11,29-30).

La prière est essentiellement une rencontre personnelle, une rencontre entre un homme et Dieu, mais pour être vraie, une rencontre exige deux personnes qui soient chacune véritablement elle-même. Trop souvent, nous manquons de vérité dans la prière car, au lieu de nous tourner vers le Dieu vivant et vrai, nous nous adressons à quelque chose que nous imaginons être Dieu. Thérèse a vraiment cherché le vrai visage de Dieu et c'est pourquoi sa relation avec lui a été réelle.

Si nous nous demandons alors quel visage de Dieu Thérèse a rencontré dans la prière au début des manuscrits, il faut bien reconnaître que c'est son visage de douceur, de tendresse et de miséricorde. Elle aurait pu retenir d'autres visages, en particulier celui de sa justice, car elle avait été en contact avec plusieurs carmélites qui s'étaient offertes à la justice de Dieu. Sous l'action de l'Esprit-Saint, elle comprendra que Jésus-Christ n'est pas l'incarnation de n'importe quel visage de Dieu, mais l'incarnation de son visage le plus profond et le plus mystérieux, à savoir son visage de miséricorde. C'est pour révéler la tendresse de Dieu envers ceux qui sont loin et misérables que Jésus est venu sur la terre :

Ce ne sont pas les bien-portants qui ont besoin de médecin, mais les malades. Allez donc apprendre ce que signifie : « C'est la miséricorde que je veux, non le sacrifice. » Car je suis venu appeler non pas les justes, mais les pécheurs (Mat 9, 12-13).

Si nous voulons apprendre à prier à l'école de Thérèse, nous avons là un indice très important sur la manière de nous y prendre. La première chose que nous ayons à faire au début de la prière est de chercher le vrai visage de Dieu, l'unique qui se révèle à nous. Trop souvent, une foule d'images mentales et visuelles nous empêchent de rencontrer le vrai Dieu.

Nous avons puisé ces images dans nos contacts, nos lectures et même dans notre expérience personnelle ; elles ne sont pas tout à fait fausses mais elles sont inadéquates à la réalité de Dieu. Si nous voulons rencontrer Dieu tel qu'il est vraiment, nous devons aller à lui avec toute notre expérience et nos connaissances mais les abandonner pour nous tenir devant Dieu, à la fois connu et inconnu. La seule vraie prière qui doit alors monter, non seulement du bout des lèvres, mais surtout du fond du cœur est celle-ci : « Montre-nous, Seigneur, ton vrai visage de miséricorde et nous serons sauvés ! »

DIEU EST LIBRE DE SE RÉVÉLER TEL QU'IL EST

Qu'arrivera-t-il alors ? Une chose fort simple. Dieu qui est libre de venir à nous et de se manifester, de répondre à notre prière, le fera peut-être et nous percevrons alors sa présence et sa douceur, mais il peut choisir aussi de ne pas le faire. Nous vivons vingt-trois heures de notre journée sans penser à lui, il serait un peu inconvenant de le sommer de se manifester à nous durant la petite heure que nous consacrons à la prière.

Et c'est là que nous retrouvons Thérèse et sa manière de réagir à l'oraison quand Dieu se fait absent. Elle vient à la prière comme elle écrit, non pas pour se chercher, mais uniquement pour faire la joie de Dieu. Elle va à la prière simplement pour être avec Jésus et chanter davantage son amour ; s'Il se manifeste elle s'en réjouit, mais elle ne s'affole pas s'Il lui fait ressentir son absence.

Il ne faut jamais oublier que Thérèse a connu la sécheresse comme un pain quotidien : « *Je devrais me désoler de dormir (depuis 7 ans) pendant mes oraisons et mes actions de grâce* » (M.A., p. 189). Ce fut une épreuve pour la jeune carmélite appelée à consacrer chaque jour plusieurs heures à la prière. Elle va même plus loin et avoue que Jésus se fait absent dans la prière, elle emploie pour cela la même image humoristique du sommeil : « *Jésus dormait comme toujours dans la petite nacelle* » (M.A., p. 189). A ce propos, Mgr Combes définira, avec humour, l'oraison de sainte Thérèse de Lisieux comme « la rencontre de deux sommeils : celui de Jésus et celui de Thérèse » !

Ainsi Thérèse expérimente l'absence apparente de Dieu dans la prière et cette expérience est aussi importante que l'autre, parce que dans les deux cas, elle touche la réalité du droit de Dieu à répondre ou à se taire. Ce qui compte pour Thérèse, c'est de faire avant tout la volonté de Dieu : « *Aujourd'hui plus qu'hier, dit-elle, si cela est possible, j'ai été privée de toute consolation. Je remercie Jésus qui trouve cela bon pour mon âme, et puis peut-être que s'il me consolait, je m'arrêterais à ces douceurs, mais il veut que tout soit pour lui !... Eh bien, tout sera pour lui, tout, même quand je ne sentirai rien à pouvoir lui offrir, alors comme ce soir, je lui donnerai ce rien !... Si vous savez combien ma joie est grande de n'en avoir aucune pour faire plaisir à Jésus !... C'est de la joie raffinée (mais nullement sentie)* » (LT. pp. 76-78).

Ainsi dans sa prière comme dans ses rapports avec les autres, Thérèse en vient à distinguer l'amour vrai de la pure émotivité dans laquelle nous risquons d'enfermer trop souvent et la prière et la charité fraternelle. Ce sont bien les miséricordes du Seigneur qu'elle veut chanter éternellement et non pas raconter sa vie. En revenant sur cet aspect de la prière de Thérèse à propos de sa très aride retraite de profession, nous comprendrons mieux sa perception aiguë de la miséricorde de Dieu et de sa propre misère.

2

THÉRÈSE
DÉCOUVRE LA MISÉRICORDE

Thérèse, aux prises avec une prière ardue, apprend progressivement à aimer Dieu pour lui et pour lui seul. Retrouvons-la à la veille de sa profession, après deux ans et demi de vie religieuse. Elle nous raconte comment s'est passée sa retraite de profession. Et d'abord elle en précise le but, avant de décrire la géographie de son itinéraire spirituel.

AU SOMMET DE LA MONTAGNE DE L'AMOUR

« *Mais il faut que la petite solitaire vous dise l'itinéraire de son voyage. Le voici : avant de partir, son fiancé a semblé lui demander dans quel pays elle voulait voyager, quelle route elle désirait suivre, etc., etc. La petite fiancée a répondu qu'elle n'avait qu'un désir, celui de se rendre au sommet de la montagne de l'amour* » (L.T., p. 110).

Il n'y a aucune équivoque sur le désir de Thérèse, elle vise le sommet de l'amour, c'est-à-dire au don d'elle-même inconditionné à l'amour miséricordieux qui s'est dévoilé à elle. Mais les routes qui mènent à ce sommet sont nombreuses, Jésus sait bien qu'elle veut gravir le sommet, mais

Thérèse lui laisse le soin de choisir lui-même la route. Puisqu'elle entreprend le voyage pour lui seul, elle se laissera mener par les chemins que Jésus aime à parcourir : « *Pourvu qu'il soit content, je serai au comble du bonheur !* »

Ainsi pour Thérèse le comble de la joie, c'est de combler le désir de Jésus. On aime vraiment un être à partir du moment où l'on n'existe plus pour soi, mais où l'on est tout entier versé en lui. C'est une espèce de dissolution de la volonté de l'homme dans la volonté de Dieu. Et je pense que c'est là l'unique définition de la prière, de la conversation avec Dieu : être-versé-dans-un-autre. C'est l'image du dialogue trinitaire où Jésus est totalement versé en son Père. Un des critères fondamentaux de la prière vraie est de chercher Dieu avant de se chercher soi-même. Thérèse s'exprime de cette manière :

« *Alors Jésus m'a prise par la main, et il m'a fait entrer dans un souterrain où il ne fait ni froid ni chaud, où le soleil ne luit pas et que la pluie ni le vent ne visitent pas ; un souterrain où je ne vois rien qu'une clarté à demi voilée, la clarté que répandent autour d'eux les yeux baissés de la Face de mon Fiancé !*

« *Mon Fiancé ne me dit rien, et moi je ne lui dis rien, sinon que je l'aime plus que moi, et je sens au fond de mon cœur que c'est vrai, car je suis plus à Lui qu'à moi.*

« *Je ne vois pas que nous avancions vers le terme de la montagne, puisque notre voyage se fait sous terre, mais pourtant il me semble que nous en approchons, sans savoir comment.*

« *La route que je suis n'est d'aucune consolation pour moi et pourtant elle m'apporte toutes les consolations puis-*

que c'est Jésus qui l'a choisie et que je désire Le consoler tout seul, tout seul ! » (L.T. 110).

C'est toujours le Christ qui est au centre de la prière de Thérèse ; peu importe ce qu'elle ressent ou le tunnel sombre qu'elle traverse, l'essentiel est de l'aimer. Un peu à la fois, Thérèse s'abandonne et marche la main dans la main de Jésus, sans bien savoir où elle va. Elle ne voit pas clairement la route mais elle est guidée par la boussole de Jésus. Elle sait en qui elle a mis sa confiance (2 Tim 1, 12). Les expressions employées par Thérèse l'indiquent suffisamment : « *Je l'(Jésus) aime plus que moi... je désire Le consoler tout seul.* » Mais tout au fond de son cœur, elle sent bien que c'est la voie que Jésus veut pour elle : « *Je sens au fond de mon cœur que c'est vrai, car je suis plus à lui qu'à moi.* »

JE CHANTERAI...

Dégagée d'elle-même, de ses impressions et de ses soucis, Thérèse peut chanter les miséricordes du Seigneur. Elle est vraiment humble parce qu'elle est fascinée par le Visage de tendresse de Dieu. Il est dit de Moïse qu'après avoir contemplé le buisson ardent, il était l'homme le plus humble qu'ait porté la terre (Nomb 12, 3). Ce n'est pas étonnant : celui qui a vu Dieu ne peut plus s'occuper d'autre chose que de chanter sa sainteté et sa miséricorde.

Plus haut, Thérèse disait qu'elle ne voyait « *qu'une clarté à demi voilée, la clarté que répandent autour d'eux les yeux baissés de la Face de son Fiancé* ». Thérèse avait un jour écrit à sa sœur Céline : « *Quand Jésus a jeté son regard sur une âme, celle-ci ne peut plus s'en détacher, mais il faut qu'elle ne cesse pas un seul instant de le regarder.* »

Thérèse sera fidèle à garder son regard fixé sur Jésus. Vers six ou sept ans, dit-elle, « *je pris la résolution de ne jamais éloigner mon âme du regard de Jésus* ». Elle écrit encore à propos de sa première communion : « *Jésus et la pauvre petite Thérèse s'étaient regardés et s'étaient compris... Ce jour-là, ce n'était plus un regard mais une fusion, ils n'étaient plus deux, Thérèse avait disparu comme la goutte d'eau qui se perd dans l'océan. Jésus restait seul. Il était le Maître* » (M.A.P. 83).

Si nous voulons comprendre la prière de louange de Thérèse, nous devons nous attarder dans la prière autour de ces moments où elle dit avoir entrevu le regard miséricordieux de Dieu qui brille sur la sainte Face de Jésus. Nous y reviendrons au paragraphe suivant. Mais pour l'instant, laissons Thérèse chanter sa découverte. Elle a bien conscience que Dieu lui a fait beaucoup de dons, mais au lieu de se les approprier, elle les rend à l'auteur de tout don. Je pense que c'est cela « *rendre grâce et chanter les miséricordes du Seigneur* ».

L'humble de cœur véritable est celui qui a conscience d'avoir beaucoup reçu de Dieu mais qui aussitôt, est fasciné par lui. Il ne s'arrête pas sur lui, il décolle facilement de son moi et ne perd pas son temps à ruminer ses misères comme ses joies. Et par là, il est délivré de toutes les complications de la vie. Nous sommes loin ici des complexes de supériorité ou d'infériorité qui procèdent de la même racine : le regard porté sur soi. Ainsi s'exprime Thérèse :

« *Il me semble que si une petite fleur pouvait parler, elle dirait simplement ce que le Bon Dieu a fait pour elle, sans essayer de cacher ses bienfaits. Sous le prétexte d'une fausse humilité, elle ne dirait pas qu'elle est disgracieuse* et sans parfum, que le soleil lui a ravi son éclat et que les orages ont brisé sa tige, alors qu'elle reconnaîtrait en elle-même le contraire. La fleur qui va raconter son histoire se réjouit d'avoir à publier les prévenances tout à fait gratuites de Jésus, elle reconnaît que rien n'était capable d'attirer ses regards divins et que sa miséricorde seule a fait tout ce qu'il y a de bien en elle » (M.A., p. 8).

En ce sens, Thérèse est bien la sœur de la Sainte Vierge. Elle a une conscience aiguë des dons que le Seigneur lui a faits, mais elle le proclame dans un Magnificat éternel : Le Seigneur fit pour moi des merveilles, Saint et son Nom... Sa miséricorde s'étend d'âge en âge sur ceux qui le craignent. Thérèse comme la Vierge proclament que Dieu seul est important, que ses dons sont gratuits et que la seule attitude qui convienne à l'homme est de chanter les merveilles du Seigneur.

En cela, elle réalise vraiment la définition que Paul donne de la vie chrétienne : Soyez toujours dans la joie. En toutes choses, faites eucharistie (rendez grâce), priez sans cesse (1 Th 5, 15-16). Dans la vie spirituelle, la prière continuelle à laquelle nous sommes tous appelés est liée à l'action de grâce continuelle. L'essence de la vie chrétienne — et à plus forte raison de la vie carmélitaine — est de chanter les miséricordes du Seigneur, en un mot, notre vie est une liturgie d'action de grâce. L'homme répand ses forces en libation pour faire la joie de Dieu et il le proclame de toutes ses forces.

Thérèse est bien dans la ligne de la liturgie juive qui place la prière de bénédiction au centre du culte. Nous avons un peu perdu ce sens de la prière de bénédiction en la réduisant aux « bénédictions » données aux personnes et aux choses. Bénir Dieu, c'est dire du bien de lui (bene = bien ;

dicere = dire), c'est se réjouir purement et simplement de ce qu'il existe. Bénir Dieu, c'est encore le remercier pour tout le bien qu'il nous a fait (prière d'action de grâce), c'est aussi le louer pour tous les dons qu'il est prêt à nous faire pourvu que nous lui fassions le cadeau de notre supplication (et c'est la prière d'intercession). Je suis frappé aujourd'hui par le fait que les chrétiens retrouvent d'instinct cette forme de prière surtout dans les groupes de renouveau et tous sont unanimes à dire qu'ils expérimentent la puissance de la louange.

QU'EST-CE QUE LA MISÉRICORDE ?

Ainsi Thérèse fait le récit des « bienfaits » du Seigneur, elle « publie les prévenances tout à fait gratuites de Jésus » pour elle. Chez Thérèse, il n'y a pas le moindre réflexe de mettre en ligne de compte ses propres mérites. En d'autres termes, elle joue à la banque de l'amour où il n'y a plus de registres de comptes. *« Elle reconnaît que rien n'était capable en elle d'attirer les regards divins et que sa miséricorde seule a fait tout ce qu'il y a de bien en elle »* (M.A., p. 8).

Avant de poursuivre notre recherche, il est bon de se demander quel genre d'amour Thérèse veut chanter. Pour elle, il ne s'agit pas de n'importe quel amour, mais de la « seule miséricorde de Dieu ». C'est dit en toutes lettres dans le texte que nous venons de citer et Thérèse définira ainsi l'amour qu'elle veut chanter : *« Le propre de l'amour est de s'abaisser ! »*

Il n'en est pas toujours ainsi dans les relations humaines. Lorsque nous aimons un ami par exemple, il n'est pas inférieur à nous ; bien au contraire, nous l'aimons à cause des qualités que nous trouvons en lui. Nous savons bien que la condescendance qui est parfois l'amour de pitié de celui qui se penche sur les misérables est souvent dangereux car il ouvre la porte à toutes les déviations : paternalisme, maternalisme, etc.

Mais lorsque Dieu aime l'homme, c'est essentiellement « un amour entre êtres inégaux où le plus grand tend la main au plus petit. C'est Dieu qui s'attache à l'homme et rend possible la réciprocité de l'amour » (Conrad de Meester, *Les Mains vides,* p. 91). Et là, Thérèse rejoint une intuition essentiellement biblique qui est celle de la miséricorde et de la tendresse de Dieu. Yahvé est le Dieu de tendresse et de pitié, lent à la colère et plein d'amour. En hébreu, il n'y a même pas de mots abstraits pour désigner cet amour, c'est une expression très concrète, celle du sein maternel : les entrailles de la miséricorde.

En termes bibliques, cet amour deviendra la « Hésed » qui appelle de la part de l'homme la reconnaissance, l'accueil et la réciprocité. Dans le vocabulaire néo-testamentaire et plus spécialement chez saint Paul, il s'agira de la grâce (*charis*). Ainsi l'ange Gabriel salue Marie : *Réjouis-toi, comblée de grâce ;* ce qui revient à dire : « Dieu t'a regardée avec une telle intensité de tendresse et de miséricorde, que son amour t'a rendue aimable et gracieuse à ses yeux ! »

Et c'est pourquoi je me permets de dire que Marie avait le « charisme du Magnificat », c'est le charisme des humbles qui chantent les miséricordes de Dieu pour les petits et les pauvres. Et en ce sens, la prière de Marie — comme celle de Thérèse — est à l'opposé de celle du pharisien de l'Évangile. Il rend grâce à Dieu de ce qu'il n'est pas comme le reste des hommes. Marie rend grâce aussi de ce qu'elle est différente des autres mais pour la raison très simple qu'elle est pauvre et petite et en cela, elle rejoint d'emblée la prière du publicain.

La seule prière capable d'attendrir le cœur de Dieu est toujours celle du publicain de l'évangile. Il y a un texte de la liturgie qui dit bien cela, c'est l'antienne à Magnificat des secondes vêpres du Commun de la Vierge : « Réjouissez-vous avec moi, vous tous qui aimez le Seigneur, dans ma petitesse, j'ai plu au Très-Haut » (P.T.P., p. 1044). En latin, le texte est encore plus vigoureux : « Ego placui Altissimo cum essem parvula », « J'ai plu au Très-Haut parce que j'étais toute petite ». Nous y reviendrons. Marie a rendu grâce d'avoir été préservée avant d'avoir contracté le péché, ce qui, au dire de Thérèse, est le comble du pardon. Thérèse dira elle-même :

« Je reconnais que sans lui (le Bon Dieu), j'aurais pu tomber aussi bas que sainte Madeleine et la profonde parole du Seigneur à Simon retentit avec une grande douceur dans mon âme, celui à qui on remet moins, AIME moins, mais je sais aussi que Jésus m'a plus remis qu'à sainte Madeleine, puisqu'il m'a remis d'avance, m'empêchant de tomber. Ah ! que je voudrais pouvoir expliquer ce que je sens ! Voici un exemple qui traduira un peu ma pensée » (M.A., p. 99).

Et puis Thérèse rapporte la parabole du médecin qui ôte la pierre du chemin où doit passer son fils, sans être vu. Thérèse comme Marie a eu l'intuition d'être une pardonnée avant d'avoir contracté le péché et c'est pourquoi elles ont toutes les deux ce que j'appelle le « charisme du Magnificat ». C'est pour cela que l'on peut dire que Thérèse est la sœur de la Vierge parce qu'elle est l'écho de sa voix pour les hommes de notre temps.

Thérèse n'écrit pas pour instruire mais pour raconter les merveilles de Dieu et elle a compris très vite qu'elle écrivait pour les petits, les pauvres et les faibles qui n'osaient pas avoir confiance en Dieu. Alors comme elle était possédée par la folie de la confiance de la Vierge, elle a senti qu'elle devait chanter les miséricordes du Seigneur dans le ton du Magnificat.

« J'AI PLU AU TRÈS-HAUT CAR J'ÉTAIS TOUTE PETITE »

Et nous sommes amenés là aux derniers retranchements de la miséricorde. Ce qui fait la toile de fond, la teinture de base, dirait-on, de l'amour miséricordieux de Dieu, c'est que Dieu est séduit par la pauvreté et le dénuement de l'homme, mais il faut ajouter aussitôt que l'homme est fasciné par la beauté et la splendeur de Dieu. La Bible nous chante sur tous les tons cet amour de Dieu pour ce qui est petit et faible : *Si Yahvé s'est attaché à vous et vous a choisis, ce n'est pas que vous soyez les plus nombreux de tous les peuples : car vous êtes les moins nombreux d'entre tous les peuples. Mais c'est par amour pour vous et pour garder le serment juré à vos pères* (Deut 7, 7-8). Tout l'ancien Testament est une scène de jalousie entre Dieu et son peuple qui ne répond pas à son amour. Et cependant Dieu a pitié de son épouse adultère qu'il trouve au bord de la route, baignant dans son sang.

Parlant de la miséricorde, Paul Claudel dira : « Elle n'est pas un don mol de la chose qu'on a en trop, elle est une passion » *(Cinq grandes odes : La maison fermée)*. En ce sens, on peut dire que le cœur de Dieu est ravagé par la passion de la miséricorde, c'est la souffrance de Dieu devant ceux qui se perdent et méconnaissent son amour. Quand la Bible parle de la colère de Dieu, elle évoque d'une autre manière cette passion d'amour qui fait volte-face devant celui qui se durcit. Mais en définitive, Dieu finit toujours par s'attendrir car sa colère ne dure pas. Dans son *Homélie sur Ezéchiel* (6, 6), Origène évoque cette passion d'amour de Dieu qui va à l'encontre de la timidité raisonnable des sages de ce monde. Ainsi Origène affirme que « dans son amour pour l'homme, l'impassible a souffert une passion de miséricorde :

« Quelle est cette passion qu'il a d'abord subie pour nous ? C'est la passion de l'amour.

« Mais le Père lui-même, Dieu de l'univers, lui qui est plein de longanimité, de miséricorde et de pitié, est-ce qu'il ne souffre pas en quelque sorte ? ou bien ignores-tu que, lorsqu'il s'occupe des choses humaines, il souffre une passion humaine ? *Car le Seigneur ton Dieu a pris sur lui tes mœurs, comme celui qui prend sur lui son enfant* (Deut 1,31). Dieu prend donc sur lui nos mœurs, comme le Fils de Dieu prend nos passions. Le Père lui-même n'est pas impassible ! Si on le prie, il a pitié et compassion. Il souffre une passion d'amour. »

Ainsi notre misère et notre souffrance exercent sur le cœur de Dieu un attrait qui le pousse à s'incarner en Jésus-Christ pour nous révéler son visage le plus mystérieux, à savoir celui de Sa miséricorde. Le mystère de la miséricorde est celui de la blessure du cœur de Dieu devant ceux qui se perdent. Comme le répétera souvent la Bible, c'est le bouleversement des entrailles de la miséricorde : *J'ai vu la misère de mon peuple qui est en Égypte. J'ai entendu son cri devant ses oppresseurs ; oui, je connais ses angoisses. Je suis descendu pour le délivrer de la main des Égyptiens* (Ex 3, 7-8).

Et quand Moïse priera Dieu de lui manifester sa Gloire (Ex 33, 18), il se révélera comme *Yahvé, Yahvé, Dieu de tendresse et de pitié, lent à la colère, riche en grâce et en fidélité, qui garde sa grâce à des milliers, tolère faute, transgression et péché mais ne laisse rien impuni* (Ex 34, 6-8). Lorsque Paul évoquera ce mystère caché depuis toujours, il dira : *Ce mystère, Dieu ne l'a pas fait connaître aux hommes des générations passées comme il vient de le révéler maintenant par l'Esprit à ses apôtres et prophètes* (Eph 3, 5). Pour comprendre cette passion de Dieu, il faudrait relire le récit de l'enfant prodigue, de la drachme et de la brebis perdue où il est dit que Dieu éprouve de la joie lorsqu'il retrouve son enfant.

C'est en vertu de ce principe qui pousse Dieu à avoir un faible pour ce qui est petit et pauvre qu'il faut comprendre pourquoi Marie a plu au Très-Haut et pourquoi il l'a comblée de ses dons : immaculée conception, maternité divine, assomption, etc. Dieu a aimé gratuitement Marie mais comme dit si justement un théologien, le Père Molinié, si l'amour de Dieu est gratuit, il n'est pas arbitraire, c'est-à-dire qu'il y a eu en Marie quelque chose qui a séduit le cœur de Dieu et auquel il n'a pas pu résister. En d'autres termes, Marie a offert à Dieu un cœur pauvre, humble et surtout confiant jusqu'à l'infini — un espace de liberté absolue — où sa Parole a pu se faire chair. C'est par sa pauvreté, son humilité et sa confiance que Marie a plu au Très-Haut.

THÉRÈSE A EU L'INSTINCT
DE LA MISÉRICORDE

L'intuition géniale de Thérèse fut de comprendre la profondeur du cœur de Dieu, au sujet de la miséricorde. Thérèse est celle qui a eu l'intelligence du cœur miséricordieux de Dieu, comme Paul a eu l'intelligence du mystère du Christ. Et ils en sont arrivés tous les deux à la même contemplation de Dieu qui fait miséricorde. Thérèse cite explicitement ce texte dans les manuscrits (p. 5) : « *Cela ne dépend pas de la volonté ni des efforts de l'homme, mais de la miséricorde de Dieu* » (Rom 9, 16).

Et cette découverte géniale aura pour résultat de susciter dans le cœur de l'homme un pur mouvement de confiance envers Jésus, l'unique Sauveur : *L'homme n'est pas justifié par la pratique de la loi, mais par la foi en Jésus-Christ* (Gal 2, 16). On comprend alors combien nos frères protestants sont d'emblée accordés à la confiance en la miséricorde, ce qui est le propre de Thérèse de Lisieux.

Je me suis souvent demandé comment Thérèse avait pu comprendre avec une telle acuité le cœur de Dieu et être fascinée par sa miséricorde. Il me semble que la réponse est simple : Dieu lui a fait comprendre à quel point il l'aimait et combien il désirait être aimé d'elle. Jésus lui a donné « *la grâce de comprendre plus que jamais combien (il) désire être aimé* » (M.A., p. 210).

Cette lumière fut pour Thérèse d'une intensité éblouissante. En d'autres termes, elle a vu le visage de miséricorde de Dieu. Je pense souvent à elle quand je lis cette parole de Silouane : « Le Seigneur est miséricordieux ; mon âme le sait, mais il n'est pas possible de décrire cela avec des mots. Il est infiniment doux et humble et si l'âme le voit, elle se transforme en lui, devient tout amour pour le prochain, elle devient elle-même humble et douce » (Silouane, p. 20).

La seule issue pour comprendre la miséricorde de Dieu est d'avoir avec lui une certaine connaturalité, une affinité qui nous rende complices de ses désirs et de ses mœurs. Quand nous ressemblons à quelqu'un, nous devinons facilement ce qu'il va penser et faire. Si Thérèse a eu l'instinct de la miséricorde de Dieu, c'est parce que l'amour miséricordieux de Dieu a envahi son cœur par le fond. Dès que la charité de Dieu est devenue un peu brûlante en elle et l'a consumée, elle a savouré la miséricorde qui lui a fait pressentir cette folie de la croix.

Sur ce sujet de la miséricorde qui est intarissable, on pourrait dire ce que Thérèse écrit de ses désirs : « *Jésus, Jésus, si je voulais écrire tous mes désirs, il me faudrait emprunter ton livre de vie, là sont rapportées les actions de tous les Saints et ces actions, je voudrais les avoir accomplies pour toi* » (M.A., pp. 228-229). L'essentiel est bien sûr de prier Thérèse avec une telle ferveur qu'elle nous donne de pressentir un peu au fond de notre cœur la puissance, la douceur et la folie de la miséricorde.

Dans le chapitre suivant nous reviendrons encore sur sa perception de la miséricorde mais en insistant davantage sur la perception de sa misère. Enfin nous essaierons d'approcher ce mouvement de confiance qui est la caractéristique propre de la spiritualité thérésienne. J'écris ces lignes le 1er octobre, fête de sainte Thérèse de Lisieux et j'ai relu dans le silence et la prière ses dernières paroles. Elles confirment réellement sa découverte de l'amour miséricordieux et son intuition de l'humilité :

« *Oui, il me semble que je n'ai jamais cherché que la vérité ; oui, j'ai compris l'humilité du cœur. Il me semble que je suis humble.*

« *Tout ce que j'ai écrit sur mes désirs de la souffrance ! Oh ! C'est quand même bien vrai !*

« *... Et je ne me repens pas de m'être livrée à l'Amour. Oh ! non, je m'en repens pas, au contraire* » (Derniers Entretiens, pp. 382-383).

3

THÉRÈSE
DÉCOUVRE SA MISÈRE

Pour comprendre Thérèse, disions-nous précédemment, il faut avoir une certaine affinité avec elle. Quand on ressemble à quelqu'un, on comprend ce qu'il pense, ce qu'il dit et ce qu'il fait. Dès que la miséricorde devient un peu brûlante dans le cœur d'un homme, il est menacé de devenir le frère de Thérèse. Elle ne fut pas toujours comprise dans son carmel et plus d'une sœur pensait que dans l'ordre divin, la justice prévalait sur la miséricorde. Alors Thérèse ne désarmait pas et savait être ferme. Ainsi elle disait à une de ses sœurs : « *Ma Sœur, vous voulez de la justice, eh bien ! vous aurez de la justice ! Quant à moi, je choisis la miséricorde !* » Et elle ajoutait : « *On obtient de Dieu exactement ce qu'on attend de lui.* »

UNE AFFINITÉ AVEC THÉRÈSE

Ainsi pour comprendre Thérèse, il faut déjà avoir reçu une lame de fond qui fait basculer notre barque et cette lame de fond, c'est la miséricorde. Ce n'est pas une chose que l'on peut fabriquer ou produire par soi-même, c'est l'invasion en nous du sentiment le plus profond du cœur de Dieu. Comme dit si justement le Père Molinié, la miséricorde c'est le regard porté par quelqu'un qui est au ciel sur un autre qui n'y est pas. C'est l'attitude de Jésus envers le bon larron : *Ce soir, tu seras avec moi, au paradis*. A ce sujet, disons que Céline parlait parfois, à propos de sa sœur Thérèse de « la voie du bon larron ».

Et je comprends pourquoi les hommes du XXᵉ siècle ont une certaine affinité avec Thérèse. S'il y a une prise de conscience qui habite le cœur de nos contemporains, c'est bien la découverte de leur finitude et de leur pauvreté. Plus l'homme avance dans ses découvertes et plus il comprend combien il est à la seconde place, faisant l'expérience de sa solitude. Et c'est pourquoi un désir apparaît chez les jeunes, celui de la tendresse et de la douceur. Regardez la presse et vous verrez combien ces mots de tendresse, de douceur apparaissent à toutes les lignes des articles parce qu'ils hantent le cœur des jeunes. On dirait que nos contemporains découvrent à travers ce monde froid et solitaire que l'homme est fait pour le regard, le visage et la communion (cf. Le n° 100 de la Revue *Promesses :* Un nouveau Regard).

En ce sens, je crois que Thérèse répond au désir et à l'attente des hommes d'aujourd'hui et plus spécialement des jeunes qui sont affamés de tendresse. Entre eux et Thérèse, il y a une affinité, même si son vocabulaire et son mode de pensée ne sont pas les mêmes. Thérèse a pensé explicitement à eux lorsqu'elle parle des familles d'âmes qui sont attirées par une perfection de Dieu :

« *Je comprends cependant que toutes les âmes ne peuvent pas se ressembler. Il faut qu'il y en ait de différentes familles afin d'honorer spécialement chacune des perfec-*

tions du Bon Dieu. A moi il a donné sa miséricorde infinie et c'est à travers elle que je contemple et adore les autres perfections divines ! Alors toutes m'apparaissent rayonnantes d'amour, la Justice même (et peut-être encore plus que toute autre) me semble revêtue d'amour » (M.A., p. 209).

Plus j'avance et plus je crois que les spiritualités se ressemblent et se rejoignent surtout à partir du moment où l'on remonte à leur source. Au fond, saint Jean de la Croix comme saint Ignace et saint François d'Assise ont puisé leur spiritualité à la source vivante de l'Évangile. Au point de départ, il s'agit de rencontrer le visage de Jésus-Christ, de se convertir à lui et d'adopter les mœurs des fils de Dieu. Ce qui revient à dire que les béatitudes, l'esprit d'enfance, la suite du Christ en portant sa croix et l'humilité se retrouvent comme toile de fond dans toutes les spiritualités. Il suffirait de regarder la Règle de saint Benoît pour comprendre combien l'humilité est au centre de l'expérience du moine, quoi qu'il en soit des douze degrés que l'on peut très bien ne pas comprendre.

Par contre, si je ne crois pas tellement aux spiritualités particulières, je crois très fort aux familles d'âmes et aux affinités spirituelles entre un saint et un homme qui pérégrine encore sur cette terre. Si je demandais à un ami de Thérèse ou à un fils de saint Jean de la Croix pourquoi ils l'aiment, ils ne pourraient sûrement pas me répondre d'une manière rationnelle. A ce sujet, je pense à l'expression de Montaigne ; interrogé sur les raisons de son amitié avec La Boétie, il répondait simplement : « Parce que c'était lui et parce que c'était moi ! »

Là, tout est clair et chacun est à sa place. Sans doute faut-il avoir cheminé longuement à la recherche d'un idéal de sainteté, entrevu dans les années d'adolescence, toujours poursuivi et jamais atteint, pour comprendre combien on était le frère de Thérèse dans une pareille aventure spirituelle. Allons même plus loin et avouons que plus nous avançons en âge, plus nous sommes forcés d'avouer que c'est au-delà de nos forces. Disons que c'est à notre portée de le désirer mais que ce n'est pas à notre portée de le réaliser.

Et c'est là que Thérèse nous rejoint pour nous dire : « Maintenant, tu es prêt à comprendre la Miséricorde ! » C'est ainsi qu'elle poursuit le texte que nous avons cité plus haut : « *Quelle douce joie de penser que le Bon Dieu est juste, qu'il connaît parfaitement la fragilité de notre nature. De quoi donc aurais-je peur ? Ah ! le Dieu infiniment juste qui daigne pardonner avec tant de bonté toutes les fautes de l'enfant prodigue, ne doit-il pas être juste aussi envers moi qui "suis toujours avec lui"* (Luc 15, 32) » (M.A., p. 209).

LA MONTAGNE OU LE GRAIN DE SABLE

Bernanos disait : « C'est souvent un sursaut de désespoir qui nous lance dans l'espérance et la confiance ! » Une telle parole s'applique à la lettre à Thérèse. Elle a vraiment compris la miséricorde de Dieu et l'a chantée en rejoignant la dimension la plus profonde de sa misère et de sa pauvreté. Quoi qu'il en soit de la découverte de cette misère — puisque Thérèse avoue qu'elle n'a jamais rien refusé au Bon Dieu depuis l'âge de trois ans — il faut prendre ses paroles à la lettre. Thérèse a bien pu être préservée du péché — elle le dit elle-même — cela ne l'a pas empêchée de découvrir une misère plus profonde que la misère morale, ce que j'appellerai sa « misère » ontologique qui est sa carence d'être. En un mot, elle a compris qu'elle était à la place seconde et que l'humble agenouillement lui était moralement nécessaire.

On pourrait comparer la découverte de Thérèse à l'expérience que fit le Curé d'Ars. Il avait un jour demandé au Seigneur de découvrir et de comprendre sa misère. Dieu l'avait exaucé et il avait alors reçu une telle lumière sur la contingence de son être, entièrement suspendu à la miséricorde de Dieu qu'il avait dit : « Si Dieu ne m'avait pas soutenu, j'aurais alors conçu une tentation de désespoir. » Et il ne conseillait jamais à ses pénitents de faire une telle prière.

« Je suis Celui qui suis, disait un jour le Christ à Catherine de Sienne, tu es celle qui n'est pas. » Tous les saints ont dû passer par cette expérience qui les a plongés dans la plus radicale humilité, celle de Job enfoncé dans la poussière. Je pense que c'est là le premier degré d'humilité qui est de reconnaître que Dieu est à la première place et que nous sommes à la place seconde, ce qui situe à sa juste place dans notre vie la nécessité de la prière et de la supplication : « Se connaître, connaître Dieu ! Voilà la perfection de l'homme. Ici, toute immensité, toute perfection et le bien absolu ; et là, rien ; savoir cela, voilà la fin de l'homme. Être éternellement penché sur le double abîme : voilà mon secret », disait sainte Angèle de Foligno (Trad. Hello, ch. 57).

C'est sans doute dans cette perspective qu'il faut comprendre ce texte que nous allons citer maintenant en entier. Mais avant il faut le replacer un peu dans son contexte historique et surtout dans le cheminement spirituel de Thérèse vers la sainteté. Le 14 septembre 1894, après avoir soigné son père, Céline entre au carmel de Lisieux au moment où Thérèse est en train de faire l'expérience douloureuse de sa misère ; disons plutôt de l'écartèlement intérieur entre un réel désir de sainteté et le constat de son impuissance. Elle aurait pu dire comme saint Paul : *Je voudrais, mais je ne peux pas* (Rom 7, 15 et sq).

Il s'agit là d'un moment crucial dans la vie d'un homme qui cherche Dieu et qui va décider oui ou non de son départ vers la sainteté réelle et non rêvée. Deux solutions peuvent alors se présenter à lui : ou bien il déclare la sainteté impossible et investit toutes ses énergies dans l'immédiat ou le concret ; ou bien il accepte radicalement l'humilité de sa condition humaine et s'enfonce uniquement en Dieu dans la confiance. Mais pour cela il faut qu'une parole de Dieu vienne l'éclairer sur le mystère de la miséricorde de Dieu face à la misère de l'homme.

Pour Thérèse, cette Parole de Dieu viendra du côté de sa sœur Céline qui entre au Carmel avec un carnet qui va jouer un grand rôle, dit le Père Conrad De Meester. Céline a recopié sur un petit carnet une série de textes qui tournent tous autour de l'humilité et de l'esprit d'enfance (Is 66, 12-13 ; Mat 18, 1, etc.). Citons simplement le plus significatif : *Si quelqu'un est tout petit, qu'il vienne à moi* (Prov 9, 4). Thérèse prendra connaissance de ces textes fin 1894 ou en 1895. Nous comprenons alors dans quel contexte elle a prononcé le 9 juin 1895 l'acte d'offrande à l'amour miséricordieux. Il lui a fallu toute cette longue préparation pour comprendre que Dieu était beaucoup plus intéressé par sa pauvreté que par les grandes vertus qu'elle aurait pu lui offrir. N'oublions pas que Thérèse rédige ce texte quelques mois avant sa mort et qu'ainsi il est enrichi par l'expérience des deux dernières années. Citons-le en entier, il mériterait d'être connu par cœur :

« *Vous le savez, ma Mère, j'ai toujours désiré être une sainte, mais hélas ! j'ai toujours constaté, lorsque je me suis comparée aux saints, qu'il y a entre eux et moi la même différence qui existe entre une montagne dont le sommet se perd dans les cieux et le grain de sable obscur foulé sous les pieds des passants ; au lieu de me décourager, je me suis dit : le Bon Dieu ne saurait inspirer des désirs irréalisables, je puis donc malgré ma petitesse aspirer à la sainteté ; me grandir, c'est impossible, je dois me supporter telle que je suis avec toutes mes imperfections ; mais je veux chercher le moyen d'aller au ciel par une petite voie bien droite, bien courte, une petite voie toute nouvelle* » (M.A., p. 244).

« JE DOIS ME SUPPORTER TELLE QUE JE SUIS »

D'abord, Thérèse réaffirme son désir d'être une sainte. Sur ce point, il n'y a aucune équivoque, dès sa plus tendre enfance, elle vise la sainteté. Remarquons en passant, que cette sainteté est réaliste, c'est-à-dire qu'elle doit s'accomplir dans la trame même de son existence et dans le milieu pauvre du carmel : « *Les illusions,* dira Thérèse, *le Bon Dieu m'a fait la grâce de n'en avoir aucune en entrant au Carmel, j'ai trouvé la vie religieuse telle que je me l'étais figurée, aucun sacrifice ne m'étonna* » (M.A., p. 173).

C'est toujours au contact de la dure réalité que notre désir de sainteté s'émousse et le risque de baisser les bras en disant : « c'est impossible » nous guette tous. Thérèse sera affrontée à cette impuissance personnelle, à l'écart entre son désir (la montagne dont le sommet se perd dans les cieux) et la réalité (c'est-à-dire le grain de sable foulé aux pieds des passants). Mais c'est là qu'elle va réagir d'une manière différente et au lieu de sacrifier l'idéal à la réalité, elle va chercher la sainteté à partir de sa condition humaine de créature et de sa vie concrète. Plus elle fera face aux événements, pauvre et désemparée, plus elle s'abandonnera à Jésus-Christ, incarnation de la miséricorde de Dieu.

C'est pourquoi au lieu de se décourager, elle va maintenir ensemble, coûte que coûte, sa petitesse et son aspiration à la sainteté. Et le maître-mot ici apparaît bien dans cette phrase : « *Je dois me supporter telle que je suis avec toutes mes imperfections !* » C'est dans la mesure où elle accepte pleinement son état de créature indigente et foncièrement insuffisante qu'elle découvrira comme simultanément, l'évidence de la miséricorde, faite pour la combler. La miséricorde n'étant pas pour elle un attribut de Dieu, mais son être même.

C'est à partir de sa vie réelle et de sa pauvreté offerte à Dieu qu'un dialogue pourra s'établir entre celui qui est et celle qui n'est pas. Et c'est là que Thérèse se réjouit de l'être de Dieu en chantant ses miséricordes et qu'elle se réjouit en même temps de son néant en l'acceptant avec joie. Bien plus, elle apprend, comme elle le dira plus tard à sa sœur Céline, à découvrir sa pauvreté comme une perle précieuse à aimer et digne de toutes les recherches : « *Tu dois aimer doucement ta misère !* »

L'ASCENSEUR OU LE RUDE ESCALIER
DE LA PERFECTION

Et cependant, elle ne sacrifiera jamais son désir d'aller au ciel à la dure réalité de sa misère et c'est là qu'apparaît la découverte géniale de l'ascenseur : « *Nous sommes dans un siècle d'inventions, maintenant ce n'est plus la peine de gravir les marches d'un escalier, chez les riches, un ascenseur le remplace avantageusement. Moi je voudrais aussi trouver un ascenseur pour m'élever jusqu'à Jésus, car je suis trop petite pour monter le rude escalier de la perfection* » (M.A., pp. 244-245).

Parvenu à ce point, je ne crains pas de dire que cette découverte de l'ascenseur est géniale, mais pour cela il faut comprendre l'autre membre de l'antithèse, c'est-à-dire le « rude escalier de la perfection ». Thérèse vivait à une époque où on lui proposait des « schémas de perfection » (Dom André Louf). Pour beaucoup d'auteurs spirituels, il y a au point de départ, en haut, le ciel et la perfection et tout en bas de l'escalier l'homme fragile et faible. Entre les deux, il faut jeter un pont ou comme le dit Thérèse un escalier. Ainsi la perfection a souvent été pensée et décrite sous les traits d'une progression continuelle ou d'une ascension plus ou moins ardue, fruit de l'effort de l'homme. Dans ce cas, toute la technique de l'ascèse est basée sur la générosité. Au terme de l'ascension, son effort s'épanouit de lui-même en liberté.

Et c'est là que Thérèse a compris à quel point le « rude escalier de la perfection » suit un tracé exactement opposé à celui de la sainteté évangélique. Jésus lui-même a exprimé cette opposition avec laconisme et force dans une petite phrase qui revient constamment dans l'Évangile : *Celui qui s'élève sera abaissé ; celui qui s'abaisse sera élevé* (Mat 23, 12 ; Luc 14, 11 ; 18, 14). Ces deux types de cheminement spirituel sont personnifiés dans les personnages du Pharisien et du Publicain, dans la parabole qui les met en scène au Temple.

Le premier représente « le rude escalier de la perfection », qui est finalement une perfection naturelle, humaniste et séculière. Le second figuré par « l'ascenseur » représente la démarche profondément chrétienne qui est celle du repentir. Celle-ci n'est jamais à la portée de l'homme, mais toujours le fruit d'une élection gratuite et une merveille de la miséricorde et de la grâce.

A force de regarder le ciel et de scruter les secrets de la miséricorde, Thérèse comprend qu'il n'y a pas d'escalier pour la mener là haut, mais qu'il y a un ascenseur que Dieu seul peut faire descendre jusqu'à l'homme. Et pour cela, il faut veiller, attendre et guetter l'arrivée de l'ascenseur.

Simone Weil écrivait dans *Attente de Dieu* (pp. 149-150) : « Nous ne pouvons pas faire même un pas vers le ciel. La direction verticale nous est interdite. Mais si nous regardons longtemps le ciel, Dieu descend et nous enlève. Il nous enlève facilement. Comme dit Eschyle : "Ce qui est divin est sans effort..." Dans les paraboles de l'Évangile, c'est Dieu qui cherche l'homme : *"quaerens me sedisti lassus"*. Nulle part dans l'Évangile il n'est question d'une recherche entreprise par l'homme. L'homme ne fait pas un pas à moins d'être poussé ou bien expressément appelé. »

C'est pourquoi Thérèse fouille dans les Livres Saints et recueille toutes les paroles où il est question des petits que Dieu porte dans ses bras : *Comme une mère caresse* son enfant, ainsi je vous consolerai, je vous porterai sur mon sein et je vous balancerai sur mes genoux (Is 66, 12-13). Il ne s'agit plus pour Thérèse de compter sur sa générosité ou sur ses efforts d'ascèse mais de s'appuyer uniquement sur la miséricorde de Dieu, symbolisée par l'ascenseur. C'est ainsi qu'elle poursuit à propos de la parole d'Isaïe :

« Ah ! jamais paroles plus tendres, plus mélodieuses ne sont venues réjouir mon âme, l'ascenseur qui doit m'élever jusqu'au ciel, ce sont vos bras, ô Jésus ! Pour cela je n'ai pas besoin de grandir, au contraire il faut que je reste petite, que je le devienne de plus en plus. O mon Dieu, vous avez dépassé mon attente et moi je veux chanter vos miséricordes. "Vous m'avez instruite dès ma jeunesse et jusqu'à présent j'ai annoncé vos merveilles, je continuerai de les publier dans l'âge le plus avancé" (Ps 70, 17-18) » (M.A., p. 245).

C'est vraiment dans le contexte de l'ascenseur et donc de la miséricorde de Dieu que Thérèse chante ses merveilles. Thérèse n'a qu'un désir : faire plaisir à Jésus : « Depuis longtemps, elle a compris que le Bon Dieu n'a besoin de personne (encore moins d'elle que des autres) pour faire le bien sur la terre » (M.A., p. 246).

DONNER SANS COMPTER... MAIS C'EST PEU DE CHOSE...

Il ne faudrait cependant pas croire que Thérèse encourage un certain quiétisme de la part de l'homme. Jamais elle ne négligera la coopération personnelle de celui-ci mais elle la remet à sa juste place, au service de la confiance et de l'abandon. L'homme fait des efforts, non pas pour mettre la main sur Dieu ou s'emparer de lui à la force de ses poignets, mais pour expérimenter combien il est pauvre et faible. Une fois qu'il a réalisé toutes les bonnes œuvres qui sont en son pouvoir, il découvrira vite qu'il est un serviteur inutile. C'est au moment où il est fatigué et épuisé qu'il peut entendre la parole de Jésus et éprouver la douceur de sa miséricorde : *Venez à moi vous tous qui êtes fatigués,* (à essayer de porter le fardeau de la Loi), *et moi je vous apprendrai la douceur et l'humilité.* Thérèse s'exprime ainsi à sa sœur Céline :

« *Il faut, me dit-elle, faire tout ce qui est en soi, donner sans compter, se renoncer constamment, en un mot, prouver son amour par toutes les bonnes œuvres en son pouvoir. Mais à la vérité, comme tout cela est peu de chose... et il est nécessaire, quand nous aurons fait tout ce que nous croyons devoir faire, de nous avouer des "serviteurs inutiles"* (Luc 17, 10), *espérant toutefois que le Bon Dieu nous donnera, par grâce, tout ce que nous désirons... C'est là ce qu'espèrent les petites âmes qui* « *courent* » *dans la voie d'enfance : Je dis "courent" et non pas "se reposent"* » *(Conseils et Souvenirs,* p. 50).

Ainsi le courage, la générosité et les forces personnelles de l'homme sont mises à leur juste place. Comme dit Thérèse : « *tout cela est peu de chose* » ce qui revient à dire qu'elles sont un faible appoint. Tout effort ascétique conduira l'homme, dans les plus brefs délais, à un point mort où le vieil homme en lui refuse son concours et s'effondre devant ce qu'il ressent douloureusement comme impossible et absolument au-dessus de ses forces.

En ce domaine, il faut reconnaître que Thérèse rejoint là l'intuition la plus pure des anciens moines du désert. On les a souvent présentés comme des champions de prouesses et d'ascèses conçues comme but de la vie spirituelle. Pour eux, l'ascèse conduit le moine au point mort où il ne peut plus que faire confiance à Dieu. « Les jeûnes et les veilles, que valent-ils ? demandait un ancien à Abba Moïse. Celui-ci répondit : ils n'ont d'autre effet que d'abattre l'homme en toute humilité. Si l'âme produit ce fruit-là, les entrailles de Dieu (les entrailles de la miséricorde) seront remuées à son égard. »

Un des témoins les plus anciens de cette expérience est sans aucun doute Macaire le Grand. Il est un des premiers dans la tradition monastique à avoir traité explicitement de l'expérience spirituelle. Dans sa *Petite Lettre* dite *Ad Filios Dei,* il exploite abondamment ce thème. C'est lorsque le cœur est comme « fané », qu'il a « presque lâché pied à toutes les tentations » que Dieu intervient pour lui envoyer la « force sainte » :

« Le Dieu bienveillant lui ouvre enfin les yeux du cœur, afin qu'il comprenne que lui seul permet de tenir. L'homme peut alors vraiment rendre gloire à Dieu (c'est-à-dire chanter les miséricordes du Seigneur) en toute humilité et brisement de cœur... C'est de la difficulté de la lutte que proviennent l'humilité, le brisement du cœur, la mansuétude et la douceur. »

« CE SONT VOS BRAS, O JÉSUS ! »

Ainsi, quoi que l'homme fasse, c'est Dieu lui-même qui va le rendre saint pourvu qu'il veuille bien venir à Jésus en lui offrant sa pauvreté. L'ascenseur, c'est la miséricorde de Dieu qui se penche sur l'impuissance de l'homme. C'est Dieu infiniment tendre qui contemple la souffrance de l'homme, à travers le visage défiguré de son Fils Jésus sur la Croix.

De son côté, l'homme doit accepter à fond sa misère, ce qui implique une profonde humilité. Ce qui revient à dire qu'avant de devenir humble et tout petit, il doit accepter de porter lamentablement sa croix. Et cela répugne à l'homme car il voudrait porter sa croix généreusement et glorieusement, ce qui est contraire au fait même de porter sa croix humblement et pauvrement. A ce sujet, nous avons deux beaux textes de Thérèse à sa sœur Céline :

« *Pourquoi t'effrayer de ne pas pouvoir porter cette croix sans faiblir ? Jésus, sur la route du calvaire, est bien tombé trois fois, et toi, pauvre petite enfant, tu ne serais pas semblable à ton Époux, tu ne voudrais pas tomber cent fois, s'il le faut, pour lui prouver ton amour en te relevant, avec plus de force qu'avant ta chute* » (L.T., p. 81).

« *Nous voudrions souffrir généreusement, grandement... Quelle illusion ! Nous voudrions ne jamais tomber ? — Qu'importe, mon Jésus, si je tombe à chaque instant, je vois par là ma faiblesse et c'est pour moi un grand gain. Vous voyez par là ce que je puis faire et maintenant vous serez plus tenté de me porter entre vos bras (c'est toujours l'ascenseur). Si vous ne le faites pas, c'est que cela vous plaît de me voir par terre. Alors je ne vais pas m'inquiéter, mais toujours je tendrai vers vous des bras suppliants et pleins d'amour ! Je ne puis croire que vous m'abandonniez* » (L.T., p. 89).

Ainsi la sainteté apparaît toujours comme une tension entre deux pôles : Dieu infiniment miséricordieux et l'homme pauvre et impuissant. Thérèse confesse son indigence et reconnaît Dieu comme celui qui, avec miséricorde, vient à son aide. Ce sont les bras de Jésus qui l'attirent vers le Père, source de toute sainteté. Cela va susciter en elle une double attitude : l'offrande à l'Amour miséricordieux et la confiance aveugle en ce même amour. Cette attitude débouche bien sûr dans l'amoureux abandon à Jésus. Mais pour comprendre cela, il faut réaliser à la lettre le conseil de Jésus :

Venez à moi, vous tous qui peinez sous le poids du fardeau et moi je vous donnerai le repos (la détente de l'abandon). *Prenez sur vous mon joug et mettez-vous à mon école, car je suis doux et humble de cœur et vous trouverez le repos de vos âmes. Oui, mon joug est facile à porter et mon fardeau léger* (Mat 11, 28-30).

4

L'ACTE D'OFFRANDE
A L'AMOUR MISÉRICORDIEUX

A la fin de 1894, au moment où elle est affrontée au spectacle de sa pauvreté, Thérèse découvre en même temps le mystère de la miséricorde. Cette découverte est aussi le fruit d'un spectacle, comme dit saint Paul aux Galates : *devant vos yeux, j'ai dépeint le Christ en Croix* (Gal 3, 1). Jusqu'au 9 juin 1895, jour où elle prononcera l'acte d'offrande, l'Esprit-Saint va travailler dans la prière pour l'amener à cet acte décisif dans la spiritualité.

Peut-être n'est-il pas inutile de signaler ici une étude de Mgr Combes intitulée : *Ma vocation, c'est l'amour*. Il s'agit d'une récollection donnée le 30 mai 1965 au Cénacle de Breteuil. On trouvera ce texte dans « André Combes » II, pages 69 à 111 *(Bulletin des Amis de Mgr Combes)*. Il serait trop long et impossible de résumer ce texte, disons que l'auteur utilise la méthode de critique historique et montre à partir des textes « le mystère de ce moment suprême dans le progrès spirituel accompli par sainte Thérèse de Lisieux qui est inscrit en un texte fameux, bien connu, capital, mais chose extraordinaire, un texte que jamais personne n'a expliqué » (p. 69).

L'auteur demande à notre « intelligence un effort considérable pour essayer de scruter ce véritable mystère »

(p. 69). Il développe là une thèse qu'il n'a jamais cessé de défendre et qui met l'acte d'offrande à l'amour miséricordieux au centre de la spiritualité thérésienne. Pour lui, l'expression « voie d'enfance » n'est jamais apparue sous la plume de Thérèse et elle a surtout été développée par le milieu dans lequel elle a vécu. Depuis que le Père Conrad de Meester nous a donné son étude magistrale « Dynamique de la confiance », vulgarisée dans son livre *Les mains vides,* on comprend mieux que ces deux points de vue ne s'excluent pas mais s'articulent comme nous avons essayé de le montrer précédemment. Il reste que l'étude d'André Combes est très éclairante pour notre propos d'aujourd'hui et que nous la recommandons vivement à nos lecteurs.

Mais revenons en 1895, à l'époque où Thérèse se prépare à prononcer son acte d'offrande. Et pour mieux comprendre le point d'impact et les conséquences de cette démarche dans la vie de Thérèse, faisons un saut en juillet 1897, au moment où sa sœur recueille ses dernières paroles (*Novissima Verba*). Cette parole de Thérèse me semble très importante car elle nous met en contact avec ce qui s'est passé après le 9 juin 1895. En d'autres termes nous touchons du doigt les effets de l'acte d'offrande à la miséricorde, ce qui se passe dans le cœur d'un homme qui est menacé par l'amour miséricordieux.

« ... COMME SI ON M'AVAIT PLONGÉE TOUT ENTIÈRE DANS LE FEU... »

S'il y a eu une existence apparemment sans phénomènes extérieurs, c'est bien celle de Thérèse ! Et cependant, il faut dire que Thérèse a vécu une authentique expérience mystique, c'est-à-dire qu'elle ne s'est pas contentée seulement de vivre l'Amour miséricordieux d'une manière cachée et souterraine, mais qu'elle a expérimenté la puissance de cet amour en elle. Elle en a eu une conscience très vive et elle a connu ces états décrits par sainte Thérèse d'Avila et par beaucoup de saints (c'est elle-même qui le note).

Je pense que sa mort d'amour le 30 septembre 1897 est l'achèvement de cette prise de conscience, au niveau du « sentir spirituel », de cette invasion de l'amour miséricordieux en elle. Elle a eu la perception très aiguë d'être transpercée de part en part par un glaive d'amour. Voilà comment elle s'en explique à Mère Agnès de Jésus le 7 juillet 1897. Celle-ci lui avait alors demandé de lui raconter encore ce qui lui était arrivé après son offrande à l'amour. Et Thérèse lui répond avec humour : « *Ma petite Mère, je vous l'ai confié le jour même ; mais vous n'y avez pas fait attention* » *(Derniers entretiens*, p. 241). Et voici les paroles mêmes de Thérèse, il est probable que l'événement s'est passé le 14 juin 1895 :

« *Eh bien, je commençais mon Chemin de Croix, et voilà que tout à coup, j'ai été prise d'un si violent amour pour le Bon Dieu que je ne puis expliquer cela qu'en disant que c'était comme si on m'avait plongée tout entière dans le feu. Oh ! quel feu et quelle douceur en même temps ! Je brûlais d'amour et je sentais qu'une minute, une seconde de plus, je n'aurais pu supporter cette ardeur sans mourir. J'ai compris alors ce que disent les saints de ces états qu'ils ont expérimenté si souvent. Pour moi, je ne l'ai éprouvé qu'une fois, et qu'un seul instant, puis je suis retombée aussitôt dans ma sécheresse habituelle* » *(Derniers entretiens*, p. 241).

En un éclair, Thérèse a été en contact avec le ciel, c'est-à-dire avec la gloire de Dieu ou le feu du buisson ardent. Elle a compris que ce feu était infiniment désirable mais en même temps qu'il était redoutable parce qu'on ne peut pas voir Dieu sans mourir (Ex 33, 20). Elle a senti cette présence de Dieu autour d'elle comme les Juifs ont pressenti la présence de la gloire de Dieu, sous la forme d'une nuée pendant le jour et d'une colonne de feu pendant la nuit. Cette expérience est attirante, mais fait peur en même temps car elle met l'homme en contact avec la « haute tension » de la gloire de Dieu. Thérèse s'exprime ainsi : « *C'était comme si on m'avait plongée tout entière dans le feu* » (D.E., p. 241).

Et en même temps, ce feu est toute douceur : « *Oh ! quel feu et quelle douceur en même temps* » (D.E., p. 241), dira Thérèse. Il faut bien comprendre la nature de ce feu de Dieu qui est en lui-même force et douceur. Dans le monde des choses de Dieu, les contraires se rejoignent lorsqu'ils sont poussés à leur paroxysme. Ainsi la souffrance du Christ sur la croix était un abîme de déréliction, mais tout au fond c'était aussi un abîme de gloire et donc de joie. Il suffit de regarder la Vierge de tendresse de Wladimir pour comprendre qu'en Marie, c'est le Calvaire et le Thabor en même temps, le Vendredi-Saint et Pâques. Thérèse d'Avila, évoquant cette expérience, dira, « le feu divin est une huile », c'est l'onction du Saint-Esprit et donc de la douceur de Dieu : « Il y a comme le feu dans mon âme, mais ce feu n'arrive pas au centre ; il y a comme une huile ! » (Sainte Thérèse d'Avila).

Si nous voulons comprendre Thérèse, il faut nous attarder autour de ce mystère de Dieu qui est force et douceur. Dieu est redoutable comme un feu quand il se heurte à la dureté du cœur de l'homme, alors il veut détruire le vieil homme avec sa carapace de marbre. Mais il est douceur et miséricorde dans le cas de Thérèse, qui ne lui oppose aucune résistance. Elle dira elle-même, en employant le symbolisme de l'eau, qu'après l'acte d'offrande, elle a été envahie par des fleuves de grâces qui sont venus inonder son âme (M.A., p. 211). L'eau symbolisant bien sûr la douceur de l'Esprit.

Dans son livre *Il y a un autre monde,* André Frossard nous fait saisir ce mystère : « J'ai appris, écrit-il, qu'il (Dieu) est doux, d'une douceur à nulle autre pareille, qui n'est pas la qualité passive que l'on désigne parfois sous ce nom, mais une douceur active, brisante, surpassant toute violence, capable de faire éclater la pierre la plus dure, et plus dure que la pierre, le cœur humain » (pp. 51-52).

C'est là que nous sommes affrontés à un véritable paradoxe. Quand la gloire de Dieu commence à investir notre cœur : ou bien cette gloire apparaît comme le feu du ciel qui menace les Israélites à l'Horeb : *Descends et avertis le peuple de ne pas franchir la limite pour venir voir Yahvé, car beaucoup d'entre eux périraient* (Ex 19, 21), ou qui extermine les prophètes de Baal au Mont Carmel (1 Rois 18) ; ou bien alors l'homme ne s'en aperçoit pas et passe à côté de la douceur de Dieu, comme les Juifs n'ont pas su discerner, dans l'humilité et la douceur de Jésus, l'incarnation du Fils de Dieu : *N'est-ce pas le fils du charpentier ?* (Mat. 13, 53) :

« Ce n'est pas la toute-puissance de Dieu qui nous menace, continue André Frossard, ni ce qu'on appelle sa Gloire, d'un mot qui a perdu son véritable sens pour s'alourdir d'emphase ornementale et d'attributs dévastateurs. Ce qui est à redouter, c'est sa douceur. Ce que sa charité dérobe à notre vue, c'est la fulguration nucléaire de l'Infini qui se contracte dans une inconcevable humilité. C'est l'éternelle et limpide innocence de Dieu qui brise les cœurs. Il ne peut paraître sans que nous portions aussitôt sur nous-mêmes un jugement et une condamnation sans appel, ni rémission. Et c'est ce qu'il ne peut pas. Toute chose a en lui sa raison de charité » (p. 76).

AVANT...
« CE N'ÉTAIT PAS UNE VRAIE FLAMME »

Que s'est-il passé dans la vie de Thérèse, après son Acte d'offrande à l'Amour ? Pour bien le saisir, il faut distinguer trois moments : avant, pendant et après. Et là, ne croyez surtout pas que nous empruntons une distinction scolaire ou un artifice de langage, car Thérèse a pris soin elle-même de distinguer ces étapes. Après avoir décrit ce qui s'est passé durant le Chemin de Croix, elle ajoute :

« *Dès l'âge de 14 ans, j'avais bien aussi des assauts d'amour. Ah ! que j'aimais le Bon Dieu ! Mais ce n'était pas du tout* comme après (c'est nous qui soulignons) *mon offrande à l'amour, ce n'était pas une vraie flamme qui me brûlait* » (D.E., p. 241).

Bien sûr, ceux qui n'ont pas pressenti la folie de l'Amour miséricordieux reçoivent ces expressions comme des images ou des métaphores. Ils les mettent sous le compte d'une affectivité très vive et trouvent cela plus admirable qu'imitable. Ils ne comprennent pas que le feu de l'amour de Dieu est plus réel et plus brûlant que tous les feux de la terre. Mais ceux qui ont une toute petite expérience de Dieu, si minime soit-elle, comme saint Paul, Claudel ou

Frossard, comprendront d'instinct ce que dit Thérèse. Saint Augustin — un autre grand converti — disait : « Donne-moi un cœur qui aime et il comprendra ce que je dis. »

Depuis l'âge de quatorze ans, Thérèse connaissait bien « *des assauts d'amour »,* ce qui revient à dire que l'amour trinitaire coulait en elle et qu'à certains moments, il jaillissait avec plus de force. Mais après l'Acte d'offrande, la grâce est devenue gloire en elle, c'est-à-dire que l'amour trinitaire a été porté en elle à un degré d'incandescence où il est devenu lumineux et brûlant, capable de transformer sa vie. Chez elle, la colonne de nuée est devenue colonne de feu.

Dostoïevsky disait : « C'est dans l'échauffement au rouge que consiste toute mon idée. » Thérèse dira : avant « *ce n'était pas une vraie flamme qui me brûlait »* (D.E., p. 241). Ainsi en elle, la sainteté est l'échauffement au rouge de ce qui fait le fond de toute vie chrétienne, c'est-à-dire l'amour trinitaire : « *Je brûlais d'amour et je sentais qu'une minute, une seconde de plus, je n'aurais pu supporter cette ardeur sans mourir »* (D.E., p. 241).

En écoutant ces paroles, on pressent qu'il y a une autre mort que la mort naturelle et c'est la mort d'amour qu'ont connue de nombreux saints. C'est la mort dans la prière. Grégoire de Nysse rapportant la vie de sainte Macrine, sa sœur, affirme qu'elle est morte en faisant « eucharistie » : « Lorsqu'elle eut achevé l'eucharistie et indiqué, en portant la main à son visage par le signe de la croix, qu'elle avait terminé sa prière, elle eut un grand et profond soupir et cessa tout à la fois sa prière et sa vie » (Grégoire de Nysse, *Vie de Macrine,* S.C. 178, p. 217 et 227).

Thérèse précise qu'elle a compris alors ce que les saints disent de ces états, mais elle ajoute aussitôt : « *Pour moi, je ne l'ai éprouvé qu'une fois et qu'un seul instant, puis je suis retombée aussitôt dans ma sécheresse habituelle »* (D.E., p. 241). Dieu respecte trop l'homme pour le faire vivre dans cet état de haute tension qu'il ne pourrait pas supporter sans grand dommage pour sa vie naturelle. Ainsi Dieu procède par touches délicates et fortes pour faire pressentir à l'homme la violence de son amour. Et puis, il faut bien comprendre la nature de cette expérience qui modifie un être en profondeur et dans ses racines. On oublie trop souvent aujourd'hui qu'une telle expérience laisse des traces et qu'il faudra en assumer les résultats. On ne jette pas les déchets à la poubelle comme dans un laboratoire. Il en va de même pour les expériences de moindre intensité, par exemple les semaines de prière, les écoles d'oraison que l'on voit fleurir aujourd'hui. Certains les multiplient sans se douter qu'ils vivent davantage sous le mode de la consommation que de l'assimilation.

Que se passe-t-il alors ? Regardons les choses concrètement et comparons Thérèse au chrétien moyen que nous sommes. Entre nous et Thérèse, il n'y a qu'une différence de degré qui sépare la chaleur obscure de la chaleur lumineuse, au moment précis où les corps prennent feu, où les solides se liquéfient : « Le cœur des saints est liquide », disait le Curé d'Ars. J'y pensai très fort en 1973, au moment où nous célébrions le centenaire de la naissance de Thérèse. Lorsqu'elle reçut le baptême, le 4 janvier 1873, dans l'église Notre-Dame à Alençon, sa situation de base était la même que la nôtre. La même vie trinitaire coulait dans ses veines, pourrait-on dire, si on ne craignait pas d'utiliser une comparaison aussi matérielle !

Mais la différence apparaît au moment où Thérèse va intérioriser cet amour trinitaire au cours de ses années d'enfance et d'adolescence pour atteindre son point culminant au moment où elle s'offre à l'Amour miséricordieux, le 9 juin 1895. Ainsi la différence entre elle et nous n'est pas une différence de nature — c'est la même vie qui circule en elle et en nous — mais une différence d'intensité. Chez elle, le Saint-Esprit faisant irruption du dehors, par les sacrements de l'Église et la prière, allumera le brasier de l'amour trinitaire et le portera à un degré d'incandescence tel qu'il consumera tout son être. C'est pourquoi il faut nous attarder maintenant autour de ce moment crucial où elle va s'offrir à l'amour miséricordieux ; après avoir regardé « l'après », nous sommes revenus à « l'avant ». Il nous reste à examiner le « pendant ».

« O MON DIEU ! VOTRE AMOUR MÉPRISÉ VA-T-IL RESTER EN VOTRE CŒUR ? »

S'il était possible de faire une radioscopie spirituelle du cœur de Thérèse à la veille du 9 juin 1895, qu'y verrait-on ? Une jeune fille de vingt-deux ans, habitée par une humilité extraordinaire et par un désir d'aimer Dieu encore plus grand. Mais voilà qu'elle découvre que son désir d'aimer Dieu est ridicule en face de l'amour exorbitant de Dieu pour chaque homme. En d'autres termes, elle voit Dieu penché sur chacune de ses créatures, lui offrant de partager son amour infini, en un mot son amitié trinitaire, c'est-à-dire le secret qu'il partage avec son Fils. Dieu mendie notre réponse. N'oublions pas que Thérèse fait sa découverte le dimanche de la Trinité, le 9 juin 1895 !

C'est un amour dévorant qui désire l'autre de toutes les forces de son être mais qui est en même temps infiniment respectueux de lui. Si l'amour de Dieu est dévorant, il dévore d'abord celui qui aime et non pas celui qui est aimé. Thérèse rejoint là la grande intuition des Pères de l'Orient (je pense aussi à Nicolas Cabasilas) pour qui Dieu est le mendiant de l'amour qui frappe à la porte de notre cœur (Apoc 3, 20). Elle ne pense pas d'abord à aimer Dieu mais à comprendre la profondeur de son amour pour elle.

Notons en passant les deux caractéristiques du climat de cette offrande. D'abord son caractère trinitaire : c'est un amour qui vient de la Trinité et qui remonte à elle. Ensuite, son caractère sacramentel. Thérèse ne « vole » pas directement dans le mystère de la Sainte Trinité, elle sait bien qu'il faut passer par le Christ et donc par l'Église pour rejoindre la Trinité. Au fond, elle comprend d'où vient cet amour et où il va. Comme dit si bien le cardinal Ratzinger, chaque fois que nous abordons le Christ, il faut nous poser une double question : « D'où vient-il et où va-t-il ? » Si nous négligeons de le situer ainsi, nous coupons le Christ de sa source et nous faisons de lui un « humaniste ». Et si nous négligeons son intentionnalité, c'est-à-dire le salut qu'il apporte aux hommes, nous faisons de l'Évangile un faux « spiritualisme ».

J'ai toujours été frappé par le caractère tragique des paroles de Thérèse quand elle évoque l'amour de Dieu qui veut se communiquer aux hommes et qui est méconnu et rejeté par eux. Écoutons ses paroles dans le silence de la prière : « *O mon Dieu ! m'écriai-je au fond de mon cœur, n'y aura-t-il que votre justice qui recevra des âmes s'immolant en victimes ?... Votre Amour Miséricordieux n'en a-t-il pas besoin lui aussi ?... De toutes parts, il est méconnu, rejeté ; les cœurs auxquels vous désirez le prodiguer se tournent vers les créatures, leur demandant le bonheur avec leur misérable affection au lieu de se jeter dans vos bras et d'accepter votre Amour infini* » (M.A., p. 210).

Si l'on osait parler comme le Père Varillon dans son merveilleux livre *La souffrance de Dieu*, on dirait que Dieu souffre, non pas parce qu'il est frustré de quelque chose, mais à cause d'une plénitude d'amour qu'il ne parvient pas à répandre. Quand un homme commence à envisager l'amour de Dieu sous cet angle, il n'est plus question pour lui d'offrir son pauvre amour humain, mais de faire « la tête qu'il peut », en lui offrant sa pauvreté et sa misère, afin que Dieu le comble en plénitude. Dieu seul est capable de combler le cœur d'un homme par une surabondance d'amour miséricordieux. Ne l'oublions pas quand nous sommes affrontés à la misère des autres, il ne faut pas avoir le « complexe » de la miséricorde, seul Dieu vivant en nous peut être miséricordieux et combler la misère de nos frères.

Écoutons encore Thérèse : « *O mon Dieu ! votre amour miséricordieux va-t-il rester en votre cœur ? Il me semble que si vous trouviez des âmes s'offrant en victimes d'holocaustes à votre Amour, vous les consumeriez rapidement* (on pense ici à la flamme qui la dévorait au cours du Chemin de Croix), *il me semble que vous seriez heureux de ne point comprimer les flots d'infinie tendresse qui sont en vous... Si votre Justice aime à se décharger, elle qui ne s'étend que sur la terre, combien plus votre Amour Miséricordieux désire-t-il embraser les âmes puisque votre Miséricorde s'élève jusqu'aux cieux* » (M.A., p. 210).

A propos de cet Acte d'offrande à l'Amour, il faut bien noter combien Thérèse va trancher sur son milieu où l'on avait surtout coutume de s'offrir à la Justice de Dieu. On pourrait croire qu'elle va emboîter le pas et suivre ses sœurs. Pas du tout, Thérèse en parlant de cet acte d'offrande à la Justice dit : « *Mais j'étais loin de me sentir portée à la faire* » (M.A., p. 210). Cela plaide pour une très haute maturité puisqu'elle rompt avec les habitudes du milieu pour affirmer sa vocation propre qui est de s'offrir à l'Amour.

« *JÉSUS ! QUE CE SOIT MOI CETTE HEUREUSE VICTIME...* »

Lorsque Jésus déclare : *C'est un feu que je suis venu apporter sur la terre et comme je voudrais qu'il soit déjà allumé* (Luc 12, 49), il nous révèle tout simplement ce qu'il a contemplé dans le cœur du Père, c'est-à-dire l'amour infini de Dieu pour les hommes. Selon la parole de Jean, Jésus est « l'exégète » du Père (Jean 1, 18). Il est venu nous crier l'anxiété du Père qui cherche des adorateurs en esprit et en vérité avec qui il pourra partager sa tendresse. C'est une autre façon de dire : « O mon Dieu, votre Amour méprisé va-t-il rester en votre cœur ? »

Jésus est celui qui a « humanisé » dans son corps le feu du buisson ardent et l'a mis à notre portée dans l'eucharistie, afin que nous puissions la recevoir dans nos « vases d'argile » que sont nos pauvres humanités. C'est le sens même de l'offrande de Thérèse, elle offre à Dieu son humanité pour recevoir les flots de tendresse infinie renfermés dans le cœur de Dieu : « *O mon Jésus ! Que ce soit moi cette heureuse Victime, consumez votre holocauste par le feu de votre divin Amour* » (M.A., p. 230).

Il revient à l'homme de s'offrir à Dieu et c'est le mystère de l'oblation. Mais il y a autre chose dans l'holocauste tel que l'a compris Thérèse de Lisieux. Dans le mystère de l'holocauste, le feu du buisson ardent survient du dehors et porte au rouge la vie trinitaire, dans un état de haute incandescence. Dieu est un feu dévorant, consumant et il transforme en lui tout ce qu'il touche.

Il est aussi important de remarquer que la mystique de Thérèse est vécue dans un contexte ecclésial et sacramentaire. C'est dans et par l'Eucharistie qu'elle s'offre à l'Amour miséricordieux : « Le dimanche 9 juin 1895 — en la fête de la Sainte Trinité — au cours de la messe, elle fut inspirée de s'offrir en victime d'holocauste à l'Amour miséricordieux du bon Dieu pour recevoir, dans son cœur, tout l'amour méprisé par les créatures auxquelles il voudrait le prodiguer » (*Conseils et Souvenirs,* p. 66).

Lorsqu'il invitait les chrétiens à s'approcher du corps du Christ, saint Jean Chrysostome disait : « Vous allez communier avec du feu ! » Au-delà des paroles de Thérèse, marquées par son époque, il est bon de voir qu'elle rejoint, dans l'Acte d'offrande, toute la tradition orientale pour qui l'Eucharistie est liée au feu du buisson ardent. Je n'en citerai pour témoin que saint Syméon le Métaphraste dans une prière qu'il a composée pour les chrétiens avant la communion :

« J'espère en toi tout tremblant. Je communie avec du feu. Par moi-même, je ne suis que paille, mais, ô miracle, je me sens soudain embrasé comme jadis le buisson ardent de Moïse. Seigneur, tout ton corps brille du feu de ta divinité, ineffablement uni à elle. Et tu m'accordes que le temple corruptible de ma chair s'unisse à ta chair sainte, que mon sang se mêle au tien et désormais je suis ton membre transparent et lumineux.

« Toi qui m'as donné ta chair en nourriture. Toi qui es un feu qui consume les indignes, ne me brûle pas, ô mon Créateur, mais plutôt glisse-toi dans mes membres, dans toutes mes articulations, dans mes reins et dans mon cœur. Consume les épines de tous mes péchés, purifie mon âme, sanctifie mon cœur, fortifie mes jarrets et mes os, illumine mes cinq sens et établis-moi tout entier dans ton amour. »

LA VIVE FLAMME DEVIENT DE L'EAU VIVE

C'est ici que vient se placer l'acte d'offrande à l'Amour miséricordieux : « *Afin de vivre dans un acte de parfait amour, je m'offre comme victime d'holocauste à votre Amour miséricordieux, vous suppliant de me consumer sans cesse, laissant déborder en mon âme les flots de tendresse infinie qui sont renfermés en vous* » (M.A., p. 320). Il s'agit bien ici de l'Amour miséricordieux qui comble la misère de l'homme en la consumant, sans que celle-ci cesse d'être une faiblesse.

Comme l'affirme saint Jean de la Croix, la Vive Flamme brûle et détruit tous les obstacles. Mais, selon un autre symbole de l'Écriture pour désigner l'Esprit Saint, la Vive Flamme devient de l'Eau vive dès qu'elle ne rencontre plus d'obstacle. C'est le mystère de la douceur de Dieu que nous avons évoqué en parlant de l'événement du Chemin de Croix (14 juin 1895). Au lieu de brûler, cette eau vive rafraîchit, calme et pacifie. C'est la paix totale de l'homme englouti entièrement dans la gloire trinitaire.

Et nous voilà ramenés pour terminer à ce qui s'est passé après l'Acte d'offrande. Il y a bien sûr l'événement du Chemin de Croix mais aussi un état d'âme que Thérèse décrit ainsi : « *Ma Mère chérie, vous qui m'avez permis de m'offrir ainsi au Bon Dieu, vous savez les fleuves* (encore l'Eau vive) *ou plutôt les océans de grâce qui sont venus inonder mon âme... Ah ! depuis cet heureux jour, il me semble que l'Amour me pénètre et m'environne, il me semble qu'à chaque instant, cet Amour miséricordieux me renouvelle, purifie mon âme et n'y laisse aucune trace de péché* » (M.A., p. 211).

Thérèse ne se repentira jamais de s'être livrée à l'Amour (ce sont ses dernières paroles) ; au contraire elle invitera tous ses amis à entrer dans cette offrande à l'Amour miséricordieux, mais elle précisera tout de suite que cette offrande exige de vivre dans la confiance et l'abandon : « *Oh ! qu'elle est douce la voie de l'Amour ! Comme je veux m'appliquer à faire toujours avec le plus grand abandon, la volonté du Bon Dieu* » (M.A., p. 211).

« *La confiance, et rien que la confiance !* » C'est la seule voie qui mène à l'amour. Ces paroles de Thérèse résument tout son Manuscrit. Nous y reviendrons dans un prochain chapitre mais n'attendons pas cette étape pour nous livrer à l'amour. Vous qui lisez ces lignes, arrêtez-vous, faites taire toutes les idées qui trottent dans votre tête et offrez votre misère à cet amour qui ne cesse de vous solliciter. Cela suppose que nous n'ayons pas d'autre désir que celui de Dieu et de son amour : « Seigneur, priait Teilhard de Chardin, c'est comme du feu que je vous désire. » Et il poursuivait dans une lettre à un ami : « Priez pour qu'en aucun cas, je ne me laisse aller à vouloir autre chose que le feu. »

5

« LA CONFIANCE
ET RIEN QUE LA CONFIANCE »

L'intuition géniale de Thérèse a été de découvrir
et de comprendre le visage le plus profond et le plus mystérieux de Dieu, celui de sa miséricorde que Jésus est venu
nous révéler sur terre. Alors elle n'a plus aucune hésita-
tion, elle se livre à lui sans réserve et Dieu l'envahit de son
amour miséricordieux. C'est ce que nous avons essayé de
dire dans notre chapitre précédent. Mais Thérèse reconnaît qu'il y a peu d'hommes qui comprennent ce visage :
« *Il (Jésus) trouve, hélas ! peu de cœurs qui se livrent à lui
sans réserves, qui comprennent toute la tendresse de son
Amour infini* » (L.T. 196).

Mais il y a encore beaucoup plus chez Thérèse, et c'est
ce qui fait d'elle une *adoratrice en esprit et en vérité, telle
que le Père les cherche* (Jean 4, 23). Elle a, non seulement,
découvert ce visage de miséricorde, mais elle a chanté cette
évidence avec joie et exultation car elle avait le charisme
du Magnificat. Et je suis frappé en lisant les manuscrits
combien cette parole revient sans cesse sous sa plume, non
seulement au début, mais aussi vers la fin. Ainsi dans le
manuscrit « C », elle redit à Mère Marie de Gonzague :
« *Vous avez voulu que je chante avec vous les miséricordes
du Seigneur.* »

Et pour chanter ainsi, il faut autre chose que l'évidence, il faut l'amour. En d'autres termes, il faut être totalement décentré de soi et sur-centré sur Dieu. Si nous avons tant de difficulté à prier, à louer Dieu et à l'adorer, ce n'est pas tant à cause des circonstances extérieures de notre vie (manque de temps, bruit du psychisme, activité) qu'à cause de notre cœur de pierre, durci et recroquevillé sur lui-même. C'est la « natura curva » dont parle saint Bernard à propos de la guérison de la femme courbée de l'Évangile, « elle était incapable de regarder le ciel » (LC 13, 10), c'est-à-dire de prier et de chanter les miséricordes du Seigneur.

Thérèse bénit Dieu, c'est-à-dire qu'elle tourne son visage (ad = vers ; os-oris = bouche) vers la Face de Dieu pour l'adorer et par là, elle accomplit sa véritable nature d'homme et de femme qui est l'adoration et la louange. C'est le désir de louer Dieu qui la pousse à s'offrir à l'Amour miséricordieux. L'amour la pousse à aller jusqu'au bout de cette ouverture à la joie de Dieu.

L'oblation est le souffle du sacrifice de Thérèse, mais il y a d'autre chose dans son offrande, car elle se livre à l'Amour miséricordieux en victime d'holocauste. C'est la réponse de Dieu, le feu du ciel qui vient consumer la victime. L'amour oblatif la pousse à s'offrir, mais elle n'est pas vraiment victime avant d'avoir été consumée par le feu du buisson ardent. Thérèse s'en explique ainsi dans le manuscrit « B ». Notons en passant la dernière phrase qui vise l'Amour miséricordieux, c'est-à-dire l'amour de Dieu qui se penche sur le néant de l'homme et sa misère :

« Je ne suis qu'une enfant, impuissante et faible, cependant c'est ma faiblesse même qui me donne l'audace de m'offrir en "Victime à ton amour", ô Jésus ! Autrefois les hosties pures et sans taches étaient seules agréées par le Dieu fort et puissant. *Pour satisfaire la justice divine, il fallait des victimes parfaites, mais à la loi de crainte a succédé la loi d'amour, et l'Amour m'a choisie pour holocauste, moi, faible et imparfaite créature... Ce choix n'est-il pas digne de l'Amour ? Oui, pour que l'amour soit pleinement satisfait, il faut qu'il s'abaisse, qu'il s'abaisse jusqu'au néant et qu'il transforme en feu ce néant »* (Ms B, 3 v°).

« IL FAUT QU'IL S'ABAISSE JUSQU'AU NÉANT... »

C'est ici qu'il faut calculer la dépense onéreuse, si nous voulons suivre Thérèse dans son Acte d'offrande à l'Amour. Il ne s'agit pas de « *gravir le rude escalier de la crainte mais de s'élever à Dieu par l'ascenseur de l'amour* » (L.T. 258). L'amour dont parle Thérèse n'est pas celui que notre générosité produit ou que notre volonté exerce, c'est un amour qui vient d'en-Haut, du cœur des Trois et s'engouffre dans notre néant. Si ce néant n'est pas découvert, déplié et offert à Dieu l'amour ne peut pas le combler.

Et c'est là que nous rejoignons Sœur Marie du Sacré-Cœur, la sœur de Thérèse. Lorsque Thérèse était partie en retraite, en septembre 1896, et qu'elle avait réalisé sa vocation : « *Au cœur de l'Église, ma Mère, je serai l'Amour ; ainsi je serai tout* », sa sœur Marie lui avait demandé le secret de sa voie d'enfance. Et Thérèse lui avait répondu par la première partie des manuscrits « B ». Elle s'était laissée aller à chanter là ses désirs du martyre et de toutes les vocations, sur la gamme des ultra-sons comme dit le Père Molinié, dans une envolée d'ailleurs extraordinaire qui est un des sommets de la littérature spirituelle :

« *Le martyre, voilà le rêve de ma jeunesse... mais là encore, je sens que mon rêve est une folie car je ne saurais me borner à désirer un genre de martyre... Pour me satisfaire, il me les faudrait tous...* » Et alors, c'est la description de tous les genres de martyre... Saint Barthélémy, saint Jean, sainte Agnès, sainte Cécile... « *Jésus, Jésus, si je voulais écrire tous mes désirs, il me faudrait emprunter ton livre de vie.* »

Lorsque Marie reçoit la lettre de Thérèse, elle la trouve plus admirable qu'imitable. Et devant le spectacle d'un tel feu, elle dit à sa sœur : « Vous êtes vraiment possédée par l'amour de Dieu comme d'autres sont possédés par le démon ! » Elle a l'impression que les grands désirs de sa sœur sont loin des perspectives encourageantes de la voie d'enfance. Et elle risque de dire : « Tout cela est beau, mais ce n'est pas pour moi ! » Il nous arrive parfois de dire : « La sainteté, ce n'est pas pour tout le monde, ce n'est sûrement pas pour moi ! » C'est un manque de foi et d'espérance. Avec sa finesse intuitive habituelle, Thérèse comprend bien qu'elle a fait une erreur en se laissant aller à chanter ses désirs sur la gamme des ultra-sons. Les oreilles de sa sœur ne sont pas encore assez affinées pour entendre cette mélodie.

Thérèse s'empresse aussitôt de remettre les choses en place et cette mise au point énergique n'est pas moins remarquable et intrépide dans sa lucidité que ses désirs du martyre dans leur folie. Remarquons en passant que Thérèse commence sa lettre en partant des paroles mêmes de sa sœur qui lui avait dit : « Vous êtes possédée par l'amour de Dieu comme on est possédé par le démon ! » Alors Thérèse lui répond :

« Comment pouvez-vous me demander s'il vous est possible d'aimer le bon Dieu comme je l'aime ?... Si vous aviez compris l'histoire du petit oiseau, vous ne me feriez pas cette question. Mes désirs du martyre ne sont rien, ce ne sont pas eux qui me donnent la confiance illimitée que je sens en mon cœur. Ce sont, à vrai dire, les richesses spirituelles qui rendent injustes lorsqu'on s'y repose avec complaisance et que l'on croit qu'ils sont quelque chose de grand (...)

« Comment pouvez-vous dire après cela que mes désirs sont la marque de mon amour ? Ah ! je sens bien que ce n'est pas cela du tout qui plaît au bon Dieu dans ma petite âme. Ce qui lui plaît, c'est l'espérance aveugle que j'ai en sa miséricorde... Voilà mon seul trésor, Marraine chérie, pourquoi ce trésor ne serait-il pas le vôtre ? » (Lettres de sainte Thérèse, 197, p. 340).

« AIMER MA PETITESSE ET MA PAUVRETÉ... »

Sans mépriser ses désirs — Thérèse sait bien qu'ils viennent du Saint-Esprit —, elle les considère quand même comme des richesses qui rendent injustes si l'on met en eux sa confiance : *« Ce qui plaît à Dieu, c'est de me voir aimer ma petitesse et ma pauvreté. »* Il ne s'agit pas seulement de découvrir et de constater sa misère, il faut aussi l'aimer et s'en réjouir. Pour mieux comprendre cela, faisons appel à une autre sœur de Thérèse, Céline, qui était entrée au Carmel en 1894 et qui, nous l'avons vu, avait apporté avec elle un carnet sur lequel étaient recopiées des paroles d'Écriture sur la voie d'enfance.

80

Tout en ayant compris cela intellectuellement, Céline avait beaucoup de difficulté à l'accepter vitalement et surtout à assumer sa pauvreté. Aux Buissonnets, Thérèse et Céline avaient été très unies (les entretiens du Belvédère comparés aux colloques de Monique et d'Augustin). Lorsqu'elle entre au Carmel, Céline est stupéfaite de voir sa sœur dans les « étoiles filantes », alors qu'elle rampe encore dans la plaine. Alors elle va se plaindre à sa sœur et surtout elle se compare à elle. « Comme je voudrais offrir à Dieu votre délicatesse ! » dit-elle, et Thérèse de lui répondre : « *Remerciez Dieu d'être sans délicatesse.* »

Thérèse proposait à sa sœur Céline de s'unir à Dieu sur la base de sa pauvreté et celle-ci refusait. Ainsi elle lui dit un jour : « Quand je pense à tout ce que j'ai à acquérir. » Et Thérèse de lui répondre : « *Dites plutôt à perdre ! C'est Jésus qui remplira votre âme de splendeur à mesure que vous la débarrasserez de ses imperfections* » (C.S.G., p. 26). C'est vraiment le couperet de la guillotine qui tombe pour trancher les dernières illusions de Céline. On pense ici au Petit Placide qui se plaint et à qui l'on répond : « Vous n'êtes pas assez tondu ! » Thérèse essaie de faire comprendre à sa sœur que ce qui séduit Dieu en elle, ce ne sont pas ses vertus ou ses richesses, mais sa pauvreté, je dirai sa « non-sainteté ». Nous sommes toujours trop riches et trop chargés pour franchir la porte étroite. Et comme nous le disions précédemment, nous envisageons toujours la perfection sous la forme d'une montée alors qu'elle est une descente dans l'humilité : *Celui qui s'élève sera abaissé, celui qui s'abaisse sera élevé.*

Quand nous essayons de nous élever, de grandir, nous coupons infailliblement la subtile et douce communication entre l'Amour et le non-amour, entre l'être et le néant. Nous ne serons pas unis à Dieu par mode de ressemblance, mais par mode de distinction, c'est-à-dire en lui offrant notre pauvreté. La seule prière qui risque d'attendrir le cœur du Père, c'est celle du publicain de l'Évangile : *Seigneur, prends pitié de moi !* C'est encore Thérèse qui parle à Céline : « *Vous n'arrivez pas à pratiquer la vertu. Vous voulez gravir une montagne et le bon Dieu veut vous faire descendre au fond d'une vallée fertile où vous apprendrez le mépris de vous-même* » (C.S.G., p. 26).

C'est le don de science qui nous donne de savourer l'évidence de notre néant de créature en face de la sainteté de Dieu. Dans la vie spirituelle, c'est vraiment un art d'aimer sa faiblesse avec douceur ! Ainsi Thérèse s'en explique à sa sœur Céline : « *Il m'arrive bien aussi des faiblesses, mais je m'en réjouis. Je ne me mets pas toujours non plus au-dessus des riens de la terre, par exemple, je serai taquinée d'une sottise que j'aurai dite ou faite ! Alors je rentre en moi-même et je me dis : Hélas ! j'en suis donc encore au même point comme autrefois ! Mais je me dis cela avec une grande douceur et sans tristesse. C'est si doux de se sentir faible et petit* » (D.E., 57).

Nous sommes là au cœur de toute la spiritualité thérésienne. Lorsque l'Amour miséricordieux instruit notre intelligence de ces choses, nous ne découvrons pas seulement la vérité du néant de la créature mais le charme de cette pauvreté et nous commençons à savourer la douceur de n'être rien : « *C'est si doux*, dit Thérèse, *de se sentir faible et petit* » (D.E., 57) « Fais-toi capacité et je me ferai torrent. » C'est le creux en nous qui est la capacité d'être envahi par le torrent de l'amour trinitaire.

C'est un langage traditionnel dans l'Église et surtout chez saint Paul. Thérèse se référera à la seconde épître aux Corinthiens (12, 7 à 10) et parlera de la « science qui nous apprend à nous glorifier de nos infirmités ». Elle ajoute que c'est une grande grâce que de découvrir cela. Et là, elle rejoint aussi le grand courant de la spiritualité orientale, saint Isaac le Syrien ne disait-il pas : « Celui qui pleure ses péchés est plus grand que celui qui voit Dieu ou qui ressuscite un mort. » Écoutons encore Thérèse parler à sa sœur :

« *Tu te trompes si tu crois que ta petite Thérèse marche toujours avec ardeur dans le chemin de la vertu. Elle est faible et bien faible. Tous les jours elle en fait une nouvelle expérience. Mais Jésus se plaît à lui enseigner, comme à saint Paul, la science de se glorifier dans ses infirmités. C'est une grande grâce que celle-là, et je prie Jésus de te l'enseigner car là seulement se trouve la paix et le repos du cœur. Quand on se voit si misérable, on ne veut plus se considérer et on ne regarde que l'unique Bien-Aimé* » (L.T. 109).

« LE VÉRITABLE PAUVRE EN ESPRIT... OU LE TROUVER ? »

Nous sommes là aussi au cœur du message évangélique des Béatitudes : *Bienheureux les pauvres en esprit car le Royaume des cieux leur appartient*. Tout se tient dans l'Évangile : l'humilité, la pauvreté, la douceur et l'esprit d'enfance. Peu d'hommes acceptent de rejoindre leur misère comme si elle était une perle précieuse difficile à trouver et digne de la recherche la plus passionnée. Notre tendance naturelle est de fuir cette misère ou de l'excuser, cette fuite n'impliquant pas d'ailleur le désir de nous en libérer, mais le refus obscur et farouche d'en prendre conscience et d'être affronté à un tel spectacle.

A la suite de tous les spirituels, Thérèse nous suggère, en nous la faisant savourer, avec quelle tendresse Jésus regarde et aime notre misère, il en souffre beaucoup plus que nous car lui seul est humain. Il est le seul à avoir un cœur de chair alors que nous, nous avons un cœur de pierre. Thérèse nous invite à rejoindre cette misère, non pas dans une lucidité impitoyable, mais dans la lucidité plus profonde qui nous apprend à découvrir, sous l'action de l'Esprit, dans cette pauvreté l'arme absolue qui nous donne tout pouvoir sur le cœur miséricordieux de Dieu.

Jésus est venu pour les pauvres, les malades et les pécheurs, en d'autres termes pour tous « ceux qui ne sont pas bien dans leur peau ». Si nous nous rangeons dans la catégorie des justes, des riches ou des gens « bien », nous n'avons plus besoin de sa miséricorde car notre sainteté dépend de la force de nos poignets.

Dieu désire trouver des cœurs pauvres : « Plus on est faible, dit Thérèse, et plus on est propre aux opérations de cet amour consumant. » Il est prêt à nous faire tous les dons qu'il a faits à Thérèse et à tous les saints pourvu que nous lui offrions, comme elle, notre misère. Il nous aime comme des êtres à combler et c'est pourquoi Thérèse aime sa misère et la déploie humblement devant Dieu. Elle comprend que c'est à cette profondeur en elle que Dieu lui donne rendez-vous et l'attend. C'est là et là seulement que se cache sa miséricorde.

C'est en ce sens que Thérèse affirme qu'il faut aller très loin et très profond pour trouver ce pauvre en esprit qui n'est pas chez les grandes âmes mais dans le néant. Nous ne sommes jamais descendus assez profond dans notre misère pour crier vers Dieu. Une prière qui vient des profondeurs est toujours exaucée. On comprend aussi que ce néant peut être source de désespoir si on le fixe avec un regard humain débilitant mais qu'il est source de folle espérance, si on le regarde avec les yeux de la miséricorde :

« *Comprenez que pour aimer Jésus, être sa victime d'amour, plus on est faible, sans désirs ni vertus plus on est propre aux opérations de cet amour transformant et consumant. Le seul désir d'être victime suffit, mais il faut consentir à rester toujours pauvre et sans force, et voilà le difficile, car "le véritable pauvre en esprit, où le trouver ? Il faut le chercher bien loin", a dit le psalmiste. Il ne dit pas qu'il faut le chercher parmi les grandes âmes, mais "bien loin", c'est-à-dire dans la bassesse, dans le néant. Ah ! restons bien loin de tout ce qui brille, aimons notre petitesse, aimons à ne rien sentir, alors nous serons pauvres d'esprit et Jésus viendra nous chercher, si loin que nous soyons il nous transformera en flamme d'amour... Oh ! que je voudrais pouvoir vous faire comprendre ce que je sens !... C'est la confiance et rien que la confiance qui doit nous conduire à l'Amour* » (L.T., p. 197).

« CE QUI OFFENSE JÉSUS... C'EST LE MANQUE DE CONFIANCE »

Dans la vie spirituelle, il n'y a qu'une chose à craindre : le manque de confiance en Dieu. Nous nous désolons si souvent à propos de nos faiblesses qui nous humilient.

Thérèse avait bien compris qu'il y a des faiblesses dont Dieu sourit et qui n'offensent pas Dieu. Ce sont des misères pour la miséricorde de Dieu comme le grain est fait pour le moulin : « *Il me semble que Jésus peut bien faire la grâce de ne plus l'offenser ou bien de ne faire que des fautes qui ne l'offensent pas, mais ne font que d'humilier et de rendre l'amour plus fort* » (L.T., p. 114).

Un grand saint de l'Orient, Isaac le Syrien, disait : « Il n'y a qu'un péché, c'est de ne pas croire au Christ Ressuscité. Tous les autres péchés ne sont rien, car Dieu nous a donné le repentir pour les expier. » Thérèse dira pratiquement la même chose : « *Ce qui offense Jésus, ce qui le blesse au cœur, c'est le manque de confiance* » (L.T., p. 92).

Voulons-nous savoir ce que vaut notre confiance ? Posons-nous la question : si un matin, nous nous reveillions avec le cœur chargé de tous les péchés possibles, aurions-nous suffisamment de confiance pour aller nous jeter aux pieds de Jésus et lui demander humblement pardon :

« *Oui je le sens, quand même j'aurais sur la conscience tous les péchés qui se peuvent commettre, j'irais, le cœur brisé de repentir, me jeter dans les bras de Jésus, car je sais combien il chérit l'enfant prodigue qui revient à lui. Ce n'est pas parce que le bon Dieu, dans sa prévenante miséricorde, a préservé mon âme du péché mortel, que je m'élève à lui par la confiance et l'amour* » (Ms C, 36 v°).

« *Si j'avais commis tous les crimes possibles, j'aurais toujours la même confiance. Je sens que toute cette multitude d'offenses serait comme une goutte d'eau jetée dans un brasier ardent* » (D.E., p. 70).

« C'EST LA CONFIANCE
ET RIEN QUE LA CONFIANCE... »

Tout le manuscrit de sainte Thérèse se résume dans cette dernière parole : « *C'est la confiance et rien que la confiance qui doit nous conduire à l'amour* » (L.T., p. 197). C'est déjà très redoutable ! Habituellement, nous essayons d'aller à Dieu, de le chercher et de l'aimer par la confiance et aussi par autre chose. Nous cherchons des appuis, des signes, des garanties dans nos mérites, nos qualités et notre milieu. Le propre de la confiance est de ne s'appuyer sur rien d'autre que sur l'amour et la miséricorde. Tant que nous cherchons Dieu par autre chose que la confiance seule, nous cessons de mettre en lui notre unique appui. A certains jours, au lieu de faire des actes de confiance, nous ferions beaucoup mieux de faire des actes de non-confiance, et de non-amour : « Mon Dieu, je ne vous fais pas assez confiance, je ne vous aime pas. Augmentez ma foi et mon amour ! »

L'homme qui fait confiance ressemble à la Vierge. Elle ne comprend pas (Luc 1, 34), mais elle sait que « rien n'est impossible à Dieu » (Luc 1, 37). Alors, elle ne se regarde plus du tout pour fixer uniquement son regard sur Dieu seul. Elle appartient vraiment à cette grande galerie des témoins de la foi que Paul nous dépeint dans les chapitres 11 et 12 de l'épître aux Hébreux, ils quittent une patrie bien connue pour se diriger vers une terre inconnue, parce qu'ils ont les yeux toujours fixés sur Jésus le témoin de la foi (Heb 12, 2). Leur unique boussole, c'est la Parole de Dieu.

La Vierge peut avoir « l'évidence » que toutes les issues humaines sont fermées ou bloquées, mais elle donne une préférence permanente à l'« évidence » de Dieu qui est le Maître de l'impossible. Elle a cette souplesse inénarrable de l'homme qui préfère la pensée de Dieu à la sienne. C'est pourquoi elle peut avancer là où le chemin est humainement bloqué : *Tout est possible à celui qui croit,* dira Jésus au père de l'enfant possédé (Marc 9, 23).

C'est la définition que Thérèse donne de la confiance et de l'abandon : se décentrer totalement de soi pour se sur-centrer sur Dieu : « *Quand on se voit si misérable,* dit-elle, *on ne peut plus se considérer et on ne regarde que l'unique Bien-Aimé* » (L.T. 109).

Ainsi notre confiance doit abandonner tous ses appuis humains pour s'enraciner en Jésus, notre unique rocher. Toutes les impuretés spirituelles viennent de ce que nous nous appuyons sur autre chose. Et c'est pourquoi l'Esprit-Saint nous enlève un à un tous nos appuis humains et nos sécurités pour nous apprendre la vraie confiance. Instinctivement, l'homme s'appuie sur ce qu'il voit ou ressent, alors Dieu se met à l'œuvre pour nous enseigner la science du « Rien ». N'ayant plus rien à quoi nous raccrocher, nous sommes bien obligés de faire le plongeon en Dieu seul.

Cette doctrine de la confiance vaut surtout pour notre recherche de Dieu. Nous voulons lui prouver notre amour et alors nous prenons, comme saint Pierre, des résolutions dictées par la générosité. Nous promettons à Dieu de donner notre vie pour lui. Sans le savoir, nous donnons une prise à Satan qui va nous passer au crible (Luc 22, 31), car nous comptons encore trop sur nos propres forces. Quand

Jésus dit à Pierre : *J'ai prié pour que ta foi ne défaille pas*, c'est justement ce qu'il veut lui faire comprendre : ne pas faire de promesses basées uniquement sur la seule générosité. Le jour où nous comprenons cela, nous découvrons la science et la puissance de la prière et au lieu de prendre des résolutions, nous tranformons celles-ci en prière. Au lieu de dire : « Mon Dieu, je vais faire ceci », nous disons : « Mon Dieu, apprenez-moi à faire cela ! »

A ce sujet, Thérèse disait : « *Si, au lieu de dire, "je donnerai ma vie pour toi", le pauvre saint Pierre avait dit au Christ : "Tu sais bien que je suis incapable de donner ma vie, viens à mon aide", il aurait sûrement surmonté cette tentation.* » Comme Thérèse, nous devrions pouvoir dire : « *C'est la confiance et rien que la confiance qui doit nous conduire à l'Amour.* »

Nous découvrons ici l'importance de la prière de supplication qui est liée à l'humilité et à la confiance. Par nous-mêmes, nous ne pouvons rien, alors notre seule chance de salut est de crier vers Dieu et de le supplier : « Aie pitié de nous, viens à notre aide ! » Ceux qui comprennent la parole de Thérèse crient au secours et à force de supplier sont engloutis dans la prière continuelle. C'est souvent un sursaut de désespoir qui nous lance dans la confiance aveugle et dans la vraie prière.

C'est pourquoi Thérèse disait : « *Comme il faut prier pour les agonisants ! Si on savait !* » Au fond les agonisants sont dans la vérité, ils ne peuvent plus s'appuyer sur autre chose que sur la miséricorde. Selon l'expression d'un autre grand saint, François Xavier qui avait frôlé la mort dans la traversée de l'Inde au Japon. Il écrivait alors à ses frères de Goa : « O mes frères, qu'en sera-t-il de nous à l'heure de notre mort, si, pendant notre vie, nous ne nous préparons pas et ne disposons pas à la Science de l'espoir et de la confiance en Dieu ? Car, à ce moment-là, nous nous trouverons en de plus grandes tentations, souffrances et épreuves que jamais, aussi bien pour l'esprit que pour le corps. C'est pourquoi ceux qui veulent vivre avec le désir de servir Dieu doivent travailler à s'humilier beaucoup dans les petites choses, se défier toujours d'eux-mêmes, s'établir et se fonder profondément en Dieu. Car, qu'on le sache bien : dans les grands dangers et épreuves, pendant la vie comme à l'heure de la mort, on ne saura mettre toute son espérance en la souveraine bonté et miséricorde du Créateur, que dans la mesure où on se sera exercé à vaincre tentations et répugnances, si petites soient-elles, se défiant de soi-même en toute humilité, et se réconfortant le cœur par une grande confiance en Dieu. Nul n'est faible quand il fait bon usage de la grâce que lui donne Notre-Seigneur » (In. S. François Xavier, *Lettres spirituelles* éditées par le Père Brou, Spes 1937 ; pp. 235-258). Tous les saints se rejoignent quand il s'agit de la confiance ou, selon l'expression, de Xavier, de « la science de l'espoir et de la confiance en Dieu ».

« Tout se décide pour nous, dit le Père Molinié, dans le jeu entre la Miséricorde et la confiance. Il n'y a pas d'autres problèmes, difficultés, erreurs dans notre vie. Je dis : absolument pas d'autres. » Comme Thérèse, nous avons à apprendre à nous exercer à l'amour ou ce qui revient au même, à nous exercer à la confiance. Il n'y a rien de plus simple que de faire confiance puisqu'il s'agit de s'abandonner à Dieu comme un enfant (avoir confiance est aussi facile que de respirer), mais c'est en même temps très compliqué et difficile parce que nous y sommes très peu habitués. Nous manquons de souplesse pour donner une adhésion permanente à la pensée de Dieu sur la nôtre.

Nous sentons combien nous sommes loin de « nous élever à Dieu par l'ascenseur de l'amour et non pas à gravir le rude escalier de la crainte. » Mais ne pouvons-nous pas prendre à notre compte la promesse qu'elle faisait elle-même à l'abbé Bellière quelques mois avant sa mort, elle qui avait promis de « *passer son ciel à faire du bien sur la terre* » :

« *Je ne m'étonne en aucune façon que la pratique de la familiarité avec Jésus vous semble un peu difficile à réaliser. On ne peut y arriver en un jour, mais j'en suis sûre, je vous aiderai beaucoup plus à marcher par cette voie délicieuse quand je serai délivrée de mon enveloppe mortelle et, bientôt, comme saint Augustin, vous direz : "L'amour est le poids qui m'entraîne."* » (L.T., p. 258).

II
« MAINTENANT, C'EST L'ABANDON SEUL QUI ME GUIDE »

6

THÉRÈSE DÉCOUVRE LE CHEMIN
DE L'ABANDON

Nous avons scruté le mystère le plus profond du christianisme, celui de la miséricorde, à savoir que Jésus est *venu appeler non pas les justes mais les pécheurs* (Mat 9, 13). Thérèse a merveilleusement compris que Dieu attendait d'elle la foi en la miséricorde et non le sacrifice. Et tout au long des *Manuscrits,* elle ne fera que chanter les miséricordes du Seigneur pour elle.

Mais il ne faut jamais oublier que si l'amour de Dieu est gratuit, c'est-à-dire que nous ne pouvons pas le payer en retour avec la même monnaie que lui, il n'est jamais arbitraire. Il y a en l'homme quelque chose qui peut séduire le cœur de Dieu et que l'homme seul peut lui donner. Dieu attend de l'homme une attitude qui est seule en son pouvoir et qui est l'humilité et la confiance. C'est pourquoi le dernier billet s'achevait sur cette parole de Thérèse : « *C'est la confiance et rien que la confiance qui doit nous conduire à l'Amour* » (L.T., p. 197).

Comment Thérèse a-t-elle vécu cette confiance et cette humilité, au fil des jours, dans une attitude concrète que nous appellerons l'Abandon ? Elle dira elle-même à Mère Agnès de Jésus, à la fin du manuscrit « A » : « *C'est l'abandon seul qui me guide, je n'ai point d'autre boussole... !*

Je ne puis plus rien demander avec ardeur, excepté l'accomplissement parfait de la volonté de Dieu sur mon âme sans que les créatures puissent y mettre obstacle » (Ms A 82 v°).

Le mot « abandon » en lui-même n'est pas sans ambiguïté et il risque de nous faire prendre le change, c'est pourquoi nous aurons à lui faire subir un traitement de rayons X, pour lui restituer son caractère actif, tel que le Christ l'entend dans l'Évangile et tel qu'il a été compris dans toute la tradition spirituelle. Nous préférons l'expression utilisée par le Père Victor Sion (1) quand il parle du « mouvement d'abandon. » Il s'agit bien d'un mouvement qui est passif et actif en même temps puisque l'homme reçoit de Dieu l'impulsion de son amour, que celui-ci investit son intelligence, sa volonté et son affectivité et qu'enfin l'homme se livre sans réserve à cet amour.

Recevoir n'est pas moins actif que faire ou prendre, mais c'est une activité d'un autre ordre qui, aux yeux de l'impatience humaine, ressemble fâcheusement à la passivité. Thérèse a toujours soutenu et enseigné au noviciat que sa voie d'enfance spirituelle n'avait rien à voir avec le quiétisme, mais il faut bien comprendre en quoi consiste la part qui revient à l'homme. Sa sœur Céline s'exprime ainsi :

« Bien qu'elle marchât par cette voie de confiance aveugle et totale qu'elle nomme sa "petite voie", ou "voie d'enfance spirituelle", jamais elle ne négligea la coopération personnelle, lui donnant même une importance qui remplit toute sa vie d'actes généreux et soutenus » (C. et S., p. 49).

---

(1) *Réalisme spirituel de Sainte Thérèse de Lisieux*, p. 137.

Mais pour l'instant, nous voudrions laisser de côté cet aspect de « coopération personnelle » quitte à y revenir ensuite pour montrer combien l'abandon thérésien s'enracine dans l'Évangile et dans la tradition spirituelle. En étudiant les différentes « écoles de spiritualité », nous avons été frappé par le fait que sur ce point précis de l'abandon, elles se rejoignent toutes. Au fond, c'est normal, toute spiritualité particulière prend sa source dans l'Évangile et à l'origine il y a un événement de feu, la conversion, c'est-à-dire la rencontre bouleversante du Christ. Elles s'opposent quand elles se refroidissent et que chacun se prévaut de « sa » spiritualité pour s'opposer à celle de l'autre, à l'origine c'est du feu. Mais il y a un point précis où elles se rejoignent, c'est au moment où il faut incarner l'amour de la volonté de Dieu dans le concret de l'existence. Pour la spiritualité orientale, ce sera le filtrage des pensées dans le Nom du Seigneur Jésus, pour saint Jean de la Croix, l'acte anagogique, pour le P. de Caussade, l'abandon à la Providence, pour saint Ignace l'examen de conscience, pour d'autres, l'instant présent et pour Thérèse, ce chemin sera l'abandon.

CE CHEMIN, C'EST L'ABANDON

Regardons comment Thérèse voit l'abandon, elle n'en donne pas une définition, mais elle le vit sous nos yeux. C'est à propos de la science de l'Amour qu'elle en parle explicitement : « *Mon âme, dit-elle, ne désire que cette science-là... Je comprends si bien qu'il n'y a que l'amour qui puisse nous rendre agréables au Bon Dieu que cet amour est le seul bien que j'ambitionne. Jésus se plaît à me montrer l'unique chemin qui conduit à cette fournaise divine, ce chemin c'est l'abandon du petit enfant qui s'endort sans crainte dans les bras de son Père...* » (Ms B 1 r°). Puis viennent deux citations de l'Écriture : Prov 9, 4 et Sag 6, 7, la seconde est reliée directement à la miséricorde : *La miséricorde est accordée aux petits.*

C'est toujours Jésus qui enseigne Thérèse par le dedans et lui montre le chemin qu'elle doit prendre. Et au-dehors, l'Écriture vient confirmer cette parole intérieure. Nous avons là une loi de la vie spirituelle très importante. Dès qu'un homme prie réellement avec le cœur, Dieu se doit de lui parler au cœur. Le grand spirituel que fut Silouane de l'Athos écrivait : « Quand une âme s'est entièrement abandonnée à la volonté de Dieu, le Seigneur lui-même commence à la guider, tandis qu'autrefois elle l'était par les maîtres et par l'Écriture. »

Et le Christ ne peut rien montrer d'autre à Thérèse que ce qu'il a vécu lui-même tout au long de sa vie, lui, dont la nourriture était l'abandon à la volonté du Père (Jean 4, 33-34). Le Christ révèle ici ce qui fut la loi fondamentale de toute son existence : *Je ne cherche pas ma propre volonté, mais la volonté de Celui qui m'a envoyé.* L'abandon n'est rien d'autre qu'une remise totale de notre volonté dans la volonté du Père. Quand Jésus sort du Père pour venir dans le monde, il reprend à son compte les paroles du psaume 39, selon l'auteur de la lettre aux Hébreux :

Ainsi en entrant dans le monde, le Christ dit : De sacrifice et d'offrande, tu n'as pas voulu, mais tu m'as façonné un corps. Holocaustes et sacrifices pour le péché ne t'ont pas plu. Alors j'ai dit : Me voici, car c'est bien de moi qu'il est écrit dans le rouleau du livre : je suis venu, ô Dieu, pour faire ta volonté (Heb 10, 5-7).

Le Christ entre dans toute la lignée des grands témoins de la foi dont parle la lettre aux Hébreux, aux chapitres XI et XII. Tous ces hommes donnent une préférence permanente à la pensée de Dieu sur la leur. La Vierge elle-même dira : *Me voici* car elle a entendu que *Rien n'était impossible à Dieu*. Urs von Balthasar dira que le Christ a appris de la Vierge à prononcer ce *oui* tout au long de son existence. Et c'est ce qui fait la vraie parenté des disciples du Christ : *Celui qui fait la volonté de Dieu, voilà mon frère, ma sœur, ma mère* (Marc 3, 35). Et quand le Christ enseignera à prier à ses disciples, il leur fera demander au Père : *Que ta volonté soit faite sur la terre comme au ciel.* Remarquons en passant la forme passive de cette prière : l'homme demande à Dieu que sa volonté soit faite et il s'abandonne ensuite à cette volonté.

Il est significatif que dans le même passage où Thérèse dit que Jésus lui a montré le chemin de l'abandon, elle cite un autre psaume où il est dit que Dieu n'a pas besoin de nos sacrifices mais de notre louange (Ps 49,9 - 13).

JÉSUS DEMANDE SEULEMENT L'ABANDON

« *Ah ! si toutes les âmes faibles et imparfaites sentaient ce que sent la plus petite de toutes les âmes, l'âme de votre petite Thérèse, pas une seule ne désespérerait d'arriver au sommet de la montagne de l'amour, puisque Jésus ne demande pas de grandes actions, mais seulement l'abandon et la reconnaissance... Voilà tout ce que Jésus réclame de nous, il n'a pas besoin de nos œuvres, mais seulement de notre amour* » (Ms B 1 r°).

Toute la vie du Christ fut une adhésion amoureuse et un abandon total au bon plaisir du Père. Depuis le moment où Jésus a entendu au Baptême la parole du Père : *Tu es mon Fils bien-aimé, tu as tout mon amour,* jusqu'au moment où il dira sur la Croix : *Père, entre tes mains, je remets mon esprit* (Luc 23, 46), Jésus intériorisera cet amour et le vivra concrètement dans un mouvement d'abandon.

Il y a dans la vie du Christ un moment où cet abandon culminera et éclatera aux yeux des trois apôtres, c'est à l'agonie du jardin de Gethsémani. Il prie pour que cette coupe s'éloigne de lui, mais il ajoute aussitôt : *Non pas ce que je veux, mais ce que tu veux.* Le Christ sait bien que le Père exauce toute prière, il l'a lui-même enseigné aux siens (Mat 7, 7), mais il sait aussi par expérience que le Père exauce nos prières d'une façon totalement différente de ce que nous attendions.

Dans la lettre aux Hébreux (5, 7), il est dit que la prière de Jésus au jardin des Oliviers fut exaucée en raison de sa piété et que Dieu le ressuscita d'entre les morts. Mais il ne s'agit pas d'une réponse immédiate de Dieu qui aurait délivré le Christ de son heure. Dieu a donné au Christ la force d'accepter, de consentir et de s'abandonner pour accomplir son œuvre de salut. Dans le même esprit nous pouvons faire appel à l'intercession des saints : nous leur apportons nos désirs, mais nous leur confions le soin de les faire cadrer avec la volonté de Dieu, qu'eux connaissent bien.

Ainsi agissait Thérèse « quand elle exprimait son désir de *"faire du bien sur la terre",* elle y mettait cette condition : *"Avant d'exaucer tous ceux qui me prieront, je commencerai par bien regarder dans les yeux du Bon Dieu pour voir si je ne demande pas une chose contraire à sa volonté."* »

« Elle nous faisait remarquer que cet abandon imitait la prière de la Sainte Vierge qui, à Cana, se contente de dire : *Ils n'ont plus de vin.* De même Marthe et Marie disent ensemble : *Celui que vous aimez est malade.* Elles exposent simplement leurs désirs sans formuler de demandes, laissant Jésus libre de faire sa volonté » (C. et S. p. 49).

Mais revenons au texte du début où Thérèse évoque le chemin de l'abandon qui lui a été enseigné par Jésus lui-même et elle précise pourquoi il faut s'abandonner. La raison est simple : nous sommes des enfants dans les bras de leur père : « *Ce chemin, c'est l'abandon du petit enfant qui s'endort sans crainte dans les bras de son père* » (Ms B 1 r°). Lorsqu'un enfant est dans les bras de son père, il n'a pas besoin de se tendre et de se crisper, il peut se détendre et s'abandonner à l'amour de celui qui le porte car il expérimente sa tendresse.

Il est curieux que Thérèse va d'instinct aux comparaisons utilisées par la Bible. Ainsi quand Osée veut évoquer la tendresse que Yahvé a éprouvée pour Israël, il prend l'image du père qui porte ses enfants dans ses bras : *Quand Israël était enfant, je l'aimai... Je le prenais par les bras et ils n'ont pas compris que je prenais soin d'eux ! Je les menais avec de douces attaches, avec des liens d'amour ; j'étais pour eux comme ceux qui soulèvent un nourrisson tout contre leur joue, je m'inclinais vers lui et je le faisais manger (Os 11, 14).*

L'ENFANT DANS LES BRAS DE SON PÈRE

L'abandon à la volonté de Dieu serait une supercherie si Dieu n'était pas un Père attentif au moindre désir de ses enfants. Il faudrait relire Luc 12, 22 à 32 où Jésus dit : *Ne vous inquiétez pas de la nourriture ou du vêtement... Tout cela les païens de ce monde le recherchent sans répit, mais vous, votre Père sait que vous en avez besoin.* Lorsque l'on a compris que Dieu est un Père qui veille sur chaque instant de notre vie et qui compte chacun de nos cheveux, on ne peut que s'abandonner à lui et l'on n'a plus peur. A partir du moment où l'on se décrispe et que l'on remet ses difficultés entre les mains du Père, il se passe en nous un immense déblocage qui nous met dans la paix. S'il faut s'abandonner, c'est tout simplement parce que Dieu est un Père tendre et attentif aux besoins de ses enfants. De même, Jésus s'est abandonné au Père parce qu'il était sûr de son amour indéfectible.

Lorsque Jésus nous dit cela, il dit ce qu'il a vu chez son Père qui voit et connaît nos besoins. Jésus fait apparaître ce regard attentif du Père parce qu'il éprouve lui-même la joie permanente de vivre sous ce regard : *Tu es mon Fils bien-aimé.* Et cette certitude d'être regardé par un Père attentif et intéressé, c'est la foi que Jésus demande et propose aux siens. Foi difficile, parce qu'elle n'est pas évidente, parce que le silence de Dieu est souvent plus sensible que son attention. Telle est justement la foi qu'elle fasse assez confiance à Dieu pour ne pas lui demander des signes, qu'elle l'estime assez grand pour oser compter sur sa créature.

Ayant expérimenté par le dedans l'enfance spirituelle, Thérèse comprendra d'instinct la voie d'abandon. On n'en finirait pas de citer tous les textes où elle évoque cette paternité divine au sens strict. Elle se dit « *enfant objet de l'amour prévoyant d'un Père* » (Ms A. Fol. 39, L. 6). Elle est « *l'enfant qui regarde les trésors de son père* » (Ms A. Fol.

66 v°, L. 5). Elle peut donner « *le nom de Père à notre Père qui est dans les cieux* » (Ms C. Fol. 19 v°, L. 4).

Ainsi l'abandon vécu par Thérèse est une composante de son esprit filial. Quand ses sœurs parleront ensuite de sa voie d'enfance spirituelle, il faut se garder d'y voir un simple comportement moral ou une attitude pieuse qu'elle prend pour être bien gentille. Pour Thérèse, c'est la vie même du Christ ou l'âme du Verbe. Le premier qui a eu l'esprit d'enfance et nous a enseigné l'abandon, c'est le Verbe. Plus exactement, le Verbe a l'esprit filial, première composante de l'esprit d'enfance, dit le Père Molinié, et la créature y ajoute une nuance de petitesse qui se réfugie.

Pour comprendre l'abandon thérésien, il faut croire que Dieu nous engendre par adoption aussi strictement qu'il engendre son Verbe par nature et c'est pourquoi la voie d'enfance n'est pas une voie au rabais. C'est le secret même du Christ qu'il est venu révéler aux siens. Au fond, la raison même de la venue de Jésus sur terre fut de nous communiquer, au moyen de son Esprit, l'expérience du Père qui était sienne éternellement et de nous apprendre l'abandon.

Il n'y a que l'esprit d'enfance qui puisse scruter les profondeurs du Père, or nous avons le devoir de scruter ces profondeurs et de connaître les dons que Dieu nous a faits (1 Cor 2, 12). Thérèse dit que toute bonne pensée appartient à l'Esprit-Saint et non à nous « *puisque saint Paul dit que nous ne pouvons sans cet Esprit d'amour donner le nom de "Père" à notre Père qui est dans les cieux* » (Ms C 19 r°). Bien des inquiétudes et des indélicatesses envers Dieu seraient évitées si on le considérait comme un Père et si l'on s'abandonnait à lui. Dans un prochain chapitre nous envisagerons comment la structure du mouvement d'abandon thérésien s'articule dans l'ensemble de la tradition spirituelle, chassant la peur en nous faisant vivre dans un climat de joie et de paix. Ensuite nous nous attarderons autour de la prière de Thérèse qui baigne dans ce mouvement d'abandon. Elle se considère là comme un faible petit oiseau qui voudrait voler vers le soleil, mais cela n'est pas en son « *petit pouvoir* » : « *Que va-t-il devenir ? mourir de chagrin, se voyant ainsi impuissant. Oh non ! le petit oiseau ne va pas même s'affliger. Avec un audacieux abandon, il va rester à fixer son Divin Soleil* » (Ms B 4 v°). Je ne pense pas qu'il y ait une meilleure définition de l'oraison que cette dernière parole.

7

LE MOUVEMENT D'ABANDON

Lorsqu'on se promène à l'intérieur des écrits de Thérèse, on reconnaît pratiquement son visage à toutes les pages et on pourrait appliquer chacune de ses intuitions spirituelles à une situation que nous vivons concrètement. C'est pourquoi il est malaisé de le faire entrer dans un système de spiritualité : une vie se met difficilement en formules. C'est un peu comme lorsqu'on traverse les Landes en chemin de fer et que l'on passe à côté des forêts de pins, il n'est qu'un seul moment précis où le regard puisse embrasser l'ensemble avec netteté dans toute leur longueur ; avant ou après, on ne voit qu'un enchevêtrement confus.

Il en va de même dans la spiritualité thérésienne, il n'est qu'un seul point où le regard puisse saisir avec netteté la cohérence et l'articulation de cette doctrine et nous pensons que ce point est le mouvement d'abandon. L'abandon résume toute sa doctrine parce qu'il exige qu'on le vive comme un enfant pauvre et démuni, mais certain d'être aimé par un Père infiniment miséricordieux. Nous pourrions dire les choses d'une autre façon : le cœur du message thérésien est la foi en l'amour miséricordieux et le chemin qui nous mène à ce cœur est la voie d'enfance spirituelle qui se vit d'une manière privilégiée dans le mouvement d'abandon.

C'est vraiment l'abandon qui ouvre le mieux la voie aux prévenances de Dieu qui nous a aimés le premier, puisqu'il s'agit moins d'agir que de se livrer, moins de donner que d'accueillir. Nous avons vu que le disciple du Christ acceptait simplement d'être un enfant pauvre, de vivre dans les bras de son Père pour s'en remettre à lui de tout souci, de toute occupation et de toute limite. Thérèse blottie « *dans les bras du Bon Dieu* » (Ms C, 21 v°), affronte sans peur les bourrasques, car son Père lui donne à « *chaque instant* » ce dont elle a besoin.

Ainsi le disciple de Thérèse sait que tout en demeurant petit et faible, il peut nourrir de grandes aspirations à la sainteté. La grande révélation de l'Évangile, c'est que Dieu aime les petits parce qu'ils sont petits, pauvres et sans courage. En un mot, Dieu aime les mains vides. On appelle cela la voie de l'enfance spirituelle, mais il ne faut pas se tromper, ce n'est pas une attitude naïve que l'on prend pour être gentil et insouciant. Il vaut mieux peut-être évoquer le fils qui trouve tout naturel de faire constamment appel à son père avec l'audace tranquille de la plus totale confiance : voilà le chemin de la sainteté. Et c'est ici qu'intervient le mouvement d'abandon car cette attitude doit être vécue, non d'une manière intellectuelle mais dans le quotidien d'une vie très ordinaire. Nous allons tenter de le replacer dans le contexte de la tradition spirituelle.

COURIR OU SE REPOSER

Tous les auteurs spirituels qui ont parlé de l'abandon ont couru le risque d'être suspectés d'un certain quiétisme. Pensons à Fénelon, aux Jésuites mystiques qui ont explicité le Père Lallemant (Rigoleuc et Surin), au Père de Caussade et plus proche de nous à Dom Vital Lehodey. Et cependant ils étaient dans la pure tradition de l'Évangile. De même, il s'est trouvé, au moment de la mort de Thérèse, des prieures de Carmels qui ont vitupéré contre l'*Histoire d'une Ame* à cause de cela et sous prétexte d'une doctrine à « l'eau de rose ». C'est pourquoi il faut dégager cette notion d'abandon de toutes ses contrefaçons et de ses déviations.

On ne peut mieux le faire qu'en rapprochant Thérèse d'un autre grand spirituel qui, lui, ne peut être taxé de quiétisme, il a même une réputation de « volontariste » à tous crins, saint Ignace de Loyola. On verra alors que mots pour mots, Thérèse utilise les mêmes expressions que lui. Il s'agit de la célèbre sentence d'Ignace qui règle dans l'action la part de l'homme et la part de Dieu : « Me confier grandement à Dieu, mais faire tout comme si le bon succès dépendait tout entier de moi et pas de Dieu. Par ailleurs, mettre tout mon soin à ce que je fais, mais comme si je ne faisais rien, et Dieu seul faisait tout » *(Selectae sententiae, II)* (1). Cet axiome ne se trouve nulle part dans les œuvres d'Ignace, mais c'est le résumé donné par ses disciples.

On retrouvera ces deux pôles chez Thérèse. On fait d'abord tout ce qu'on peut comme si cela dépendait de nous et on attend tout comme si cela dépendait de Dieu seul. On verra plus loin ce que cela veut dire : « Tout faire comme si cela dépendait de nous » ! car le grand obstacle ici, c'est le découragement qui engendre une tentation contre l'espérance. Mais citons d'abord la parole de Thérèse où

_____

(1) A. Brou, *Saint Ignace, Maître d'oraison,* Spes 1925, p. 248.

elle explique « avec énergie, dit sa sœur Céline, que l'abandon et la confiance en Dieu s'alimentent par le sacrifice ».

« *Il faut, me dit-elle, faire tout ce qui est en soi, donner sans compter, se renoncer constamment, en un mot, prouver son amour par toutes les bonnes œuvres en son pouvoir. Mais à la vérité, comme cela est peu de choses... il est nécessaire quand nous aurons fait tout ce que nous croyons devoir faire, de nous avouer des "serviteurs inutiles", espérant toutefois que le Bon Dieu nous donnera, par sa grâce, tout ce que nous désirons.*

« *C'est là ce qu'espèrent les petites âmes qui "courent" dans la voie de l'enfance. Je dis "courent" et non pas "se reposent"* (C. et S., p. 50).

Je crois que nous avons là une synthèse admirable de la conjugaison entre action de Dieu et action de l'homme, entre grâce et liberté. A aucun moment, Thérèse ne renonce à demander à l'homme d'aller jusqu'au bout de son amour et elle pourrait dire comme Ignace « l'amour se prouve davantage dans les actes que dans les paroles », mais elle sait aussi que l'homme est pauvre et sans volonté et qu'un jour il fera l'expérience de son impuissance à aimer de tout son cœur. Alors elle dit que « *tout cela est peu de choses* » et qu'il faut tout attendre de Dieu, mais à la condition « *d'avoir fait tout ce que nous croyons devoir faire.* » A aucun moment pour Thérèse « *se laisser faire* » par Dieu ne correspond à « se laisser vivre ». Il faut courir et non se reposer !

ELLE NOUS FAISAIT
REGARDER NOS COMBATS EN FACE

Il faut regarder maintenant comment elle va s'y prendre avec elle-même et avec ses novices pour les aider à vivre ce que j'appellerai « l'harmonie des contraires ». Notons tout de suite que Thérèse est réaliste, il ne s'agit pas de nier une difficulté, de s'en évader ou de s'étourdir dans une activité fébrile. Cela ne servirait à rien et conduirait à la catastrophe, cette attitude « provoquerait un refoulement et un jour, c'est tout le bloc durci des tendances coalisées qui se dresserait devant l'âme » (2).

Thérèse ne veut pas qu'on enjambe une difficulté même s'il faut passer en-dessous. « *Nous sommes trop petits pour nous mettre au-dessus des difficultés,* dit-elle, *il faut que nous passions par-dessous* » (C. et S., p. 43). Passer pardessous, c'est s'asseoir dans la difficulté et la vivre du dedans, c'est-à-dire la souffrir parce qu'elle contient le sens caché de notre avenir. Passer par-dessus constitue toujours une fausse sortie.

Regardons sur le vif comment Thérèse va s'y prendre avec sa sœur Céline pour lui faire vivre le mouvement d'abandon. Céline vient se plaindre à sa sœur Thérèse que sa compagne de noviciat n'a pas rempli le coffre à bois, alors qu'elle s'acquitte de cette tâche avec tant de soin. Notre réaction aurait été de dire : « Passez donc au-dessus de ces

---

(2) Nous ne pouvons mieux faire ici que d'inviter le lecteur à relire les pages 139 et suivantes du livre du Père Sion : *Réalisme spirituel,* au sujet des déviations à éviter. Il développe bien ce que nous disons ici trop succinctement.

mesquineries ! » Thérèse va agir d'une autre façon en obligeant sa sœur à regarder la difficulté en face : « Sans chercher à me faire disparaître le noir tableau que je traçais sous ses yeux ou à essayer de l'éclaircir, elle m'obligeait de le considérer de plus près et elle paraissait se mettre d'accord avec moi :

" Eh ! bien, admettons, je conviens que votre compagne a tous les torts que vous lui attribuez. "

« Au lieu d'essayer de nous enlever nos combats en détruisant leurs causes, elle nous les faisait regarder en face » (C. et S., pp. 10-11). Thérèse agit ainsi parce qu'elle veut aider sa sœur à voir la réalité en face et l'accepter. C'est le premier temps du mouvement d'abandon. On ne cherche pas à s'évader d'une tâche, à fuir quelqu'un qui a un caractère difficile et on ne rêve pas à autre chose que ce qu'il faut vivre. On reste plongé dans le quotidien tel qu'il est car c'est là qu'on devient un saint. La vie divine se nourrit de la vie quotidienne la plus ordinaire. L'abandon n'est pas une façon de rendre la vie plus facile, mais de nous aider dans le difficile avec de très petits moyens.

ELLE ARRIVAIT A ME FAIRE AIMER MON SORT

Il ne suffit pas de reconnaître la difficulté car on peut la fuir ou la prendre en dégoût, il faut encore l'accepter et y adhérer, en un mot aimer la volonté de Dieu qui se traduit dans ces circonstances contingentes. C'est au sens évangélique du terme « l'heure » ou la « coupe » que nous sommes invités à boire. Thérèse résume son enseignement dans une image humoristique, « *nous n'avons qu'à supporter patiemment les averses, tant pis si nous sommes un peu* mouillés » ! Il faut accepter sa faiblesse car c'est en elle seule que peut se déployer la puissance de Dieu.

C'est à quoi s'emploie Thérèse avec sa sœur Céline, non seulement elle noircit le tableau, mais elle veut lui apprendre à aimer sa situation : « Petit à petit, elle arrivait à me faire aimer mon sort, à me faire même désirer que les sœurs me manquent de prévenance... Enfin, elle m'établissait dans les sentiments les plus parfaits. Puis quand cette victoire était gagnée, elle me citait des exemples ignorés de vertu de la novice accusée par moi. Bientôt le ressentiment faisait place à l'admiration et je pensais que les autres étaient meilleures que moi » (C. et S., p. 11).

Mais bien souvent dans notre vie les difficultés et les tracas sont plus dans l'imagination que dans le réel. Nous faisons une montagne avec des soucis imaginaires. C'est pourquoi, soit dit en passant, il faut vivre dans l'instant présent et ne pas « grossir » ses problèmes par l'imagination. Ainsi Thérèse procède avec Céline, non sans une bonne dose d'humour. Quand elle sait que le coffre à bois a été rempli à l'insu de sa sœur, elle se garde bien de le lui dire pour ne pas anéantir son combat :

« Quelquefois, elle nous laissait la surprise d'une découverte analogue et profitait de la circonstance pour nour démontrer que bien souvent on se donne des combats pour des raisons qui n'en sont pas et sur de pures imaginations » (C. et S., p. 11).

Si le combat est réel, il faut accepter de se voir tel qu'on est et s'en remettre à Dieu dans la confiance. Quand une difficulté survient dans notre vie, il ne faut pas rester à son niveau, mais opérer un dégagement immédiat afin de la regarder avec Dieu. C'est pourquoi il faut dégager son cœur de sa besogne pour s'en remettre à Dieu : « *J'ai lu autrefois, dit Thérèse, que les Israélites bâtirent les murs de Jérusalem travaillant d'une main et tenant une épée de l'autre. C'est bien l'image de ce que nous devons faire* » (C. et S., p. 74). S'il s'agit d'un tracas inutile, il ne faut pas craindre de le regarder : il apparaîtra ainsi à la lumière et tombera de lui-même : « Je crois que dans les choses très importantes, on ne franchit pas les obstacles. On les regarde fixement, aussi longtemps qu'il faut, jusqu'à ce que, dans le cas où ils procèdent des puissances de l'illusion, ils disparaissent » (Simone Weil).

« LE PONT DE LA CONFIANCE AMOUREUSE »

Nous voilà arrivés au troisième temps du mouvement d'abandon. Plus l'homme avance et plus il découvre qu'il a les mains vides et qu'il est loin de Dieu. Il est séparé de Dieu par un abîme infranchissable pour ses propres forces. Le Père Conrad de Meester a forgé une comparaison remarquable pour rendre compte de cette situation, c'est celle du « *pont de l'espérance* ». Elle rend bien compte, je dirai, du troisième étage de la fusée qui va propulser l'homme dans les bras de Dieu :

« *Il faut maintenant jeter un pont au-dessus de cet abîme. Sur les deux rives, de solides fondements sont posés, des piles s'élèvent. Sur notre rive, c'est l'humilité, par laquelle l'homme fini accepte humblement son imperfection et son impuissance. Sur la rive du Dieu infini, la pile, c'est la Miséricorde en laquelle l'homme croit. Tout comme l'humilité, la foi en l'amour miséricordieux de Dieu est une condition essentielle de l'espérance. On ne peut espérer en* quelqu'un à la bonté duquel on ne croit pas. *Sur ces piles est alors jeté le pont de la confiance amoureuse et l'homme peut arriver jusqu'à Dieu. Ou plus exactement, Dieu lui-même s'engage sur ce pont, prend l'homme et le porte sur l'autre rive* » (*Les mains vides.* Cerf, Coll. Foi vivante, p. 141).

Et c'est ici qu'intervient la prière. Thérèse n'en parle pas explicitement, mais à plusieurs occasions, on voit qu'elle réagit dans un mouvement d'offrande à Dieu. Chaque fois qu'elle expérimente sa faiblesse, elle est ramenée aux pieds de Jésus pour lui offrir ses infidélités momentanées. Après avoir pris conscience de ses limites, après les avoir acceptées, elle s'offre :

« *Je m'empresse de dire au Bon Dieu : Mon Dieu, je sais que ce sentiment de tristesse, je l'ai mérité ; cependant laissez-moi vous l'offrir, tout de même, comme une épreuve que vous m'envoyez par amour. Je regrette ce que j'ai fait, mais je suis contente d'avoir cette souffrance à vous offrir* » (N. V., p. 43).

Au fond, que dit Thérèse ? Quand les choses deviennent trop difficiles et que vous vous sentez incapables de soulever les montagnes d'orgueil et d'égoïsme qui sont en vous, avouez simplement que vous êtes des « *serviteurs inutiles* », espérez tout de Dieu et il vous donnera tout par grâce. Cela suppose qu'on fasse appel à Dieu dans la prière. C'est la « science de l'espoir et de la confiance en Dieu » que saint François Xavier enseigne aux jeunes qui vont partir en mission. Il faudrait relire ici un petit livre oublié de saint Alphonse de Ligori : *Le grand moyen de la prière.* Son enseignement est simple : quand l'homme est placé devant les exigences de l'Évangile (pardonner à ses ennemis, être chaste, être pauvre), il s'en découvre radicalement incapable, alors il lui reste l'unique solution : recourir à Dieu dans une supplication confiante, humble et persévérante.

Tous les maîtres spirituels l'affirment après le Christ : *Ce qui est impossible aux hommes est possible à Dieu* (Mat 19, 26). Nous pouvons avoir de nombreuses excuses pour nos fautes de faiblesse, mais nous n'avons jamais d'excuses de ne pas prier : « En effet, la grâce de la prière est donnée à chacun. Il est toujours en notre pouvoir de prier dès que nous le voulons » (Saint Alphonse de Ligori, *Le grand moyen de la prière*, p. 62). L'homme prie car il sait que rien n'est impossible à Dieu : c'est pourquoi il demande, cherche et frappe (Mat 7, 7). Ici toutes les spiritualités se rejoignent car elles s'originent dans la parole du Christ en saint Jean : *Sans moi, vous ne pouvez rien faire* (Jean 15, 5), mais nous savons aussi que Jésus est avec nous jusqu'à la fin des temps (Mat 28, 28). Et c'est pourquoi nous recourons à lui dans l'intercession.

Une telle prière naît du désespoir et de l'espérance, dit le Curé d'Ars : « Je pense souvent que, lorsque nous venons adorer Notre-Seigneur, nous obtiendrions tout ce que nous voudrions, si nous le lui demandions avec une foi bien vive et un cœur bien pur. Mais nous sommes sans foi, sans espérance, sans désir et sans amour » (Abbé A. Monin, *Esprit du Curé d'Ars*, p. 81). Dieu répond toujours à une telle prière si tant est qu'elle est faite avec foi et persévérance.

Nous demanderons à Thérèse comment elle priait à partir de ce mouvement d'abandon et nous verrons que sa prière avait comme deux pôles : la supplication de l'enfant qui attend tout de son Père mais qui se repose aussi dans ses bras parce que il se sait aimé et exaucé. Thérèse aimait particulièrement cette prière de silence et d'abandon où elle était immobile sous le regard du Père.

Ainsi sa prière rejoint le grand mouvement de respiration de la prière de l'Église. C'est d'abord un mouvement de supplication où l'on tend vers Dieu par le désir (*aspiration*). Et ensuite on se repose dans ce don en rendant grâce (*expiration*). Ainsi le don de Dieu est préparé par notre supplication et s'achève dans la louange :

« Ce qui attire le plus de grâces du Bon Dieu, c'est la reconnaissance, car si nous le remercions d'un bienfait, il est touché et s'empresse de nous en faire dix autres, et si nous le remercions avec la même effusion, quelle multiplication incalculable de grâces ! J'en ai fait l'expérience, essayez et vous verrez » (C. et S., p. 72).

8

« QU'ELLE EST GRANDE, LA PUISSANCE DE LA PRIÈRE ! »

Nous disions que la prière de Thérèse jaillissait de deux sources : ou bien elle naît au sein de l'épreuve et de la souffrance et c'est un cri d'amour ou de supplication ; ou elle naît au sein de la joie et c'est alors un regard vers le ciel, un cri de jubilation et de reconnaissance. C'est le rythme même de la prière chrétienne où l'on aspire et expire le souffle de l'Esprit dans le cœur. L'homme supplie quand il est dans le besoin et il rend grâce quand il est dans la joie.

Nous voudrions simplement mettre en exergue deux textes qui soulignent ce rythme de la respiration chrétienne. Le premier est de saint Paul dans les Philippiens. Il invite les chrétiens à chasser toute inquiétude et à s'abandonner dans la supplication, car le Seigneur est proche. Remarquons en passant ce mouvement ascendant et descendant de la prière.

Le Seigneur est proche. Ne soyez inquiets de rien, mais en toute occasion, par la prière et la supplication accompagnées d'action de grâces, faites connaître vos demandes à Dieu. Et la paix de Dieu qui surpasse toute intelligence, gardera vos cœurs et vos pensées en Jésus-Christ (Phil 4, 5-7).

On retrouve à peu près le même rythme dans la préface du Saint-Esprit, à propos de la prière de l'Église : « C'est ton Esprit qui la soutient et la garde fidèle, pour qu'elle n'oublie jamais de te supplier au milieu des épreuves, ni de te rendre grâces quand elle est dans la joie. »

Le second texte vient de Thérèse dans le manuscrit « C ». C'est la première fois que nous sommes frappé par ce qu'elle dit de la puissance de la prière et on pourrait dégager ici tout un enseignement sur la prière chez Thérèse. Comme toujours, elle parle de la prière à propos de son expérience personnelle, ici c'est à propos de sa liberté dans l'oraison. Elle ne se laisse jamais enfermer dans des formules mais elle parle librement à Dieu comme une enfant. Elle va insister beaucoup sur la puissance de la supplication :

« *Qu'elle est donc grande, la puissance de la prière !* *On dirait une reine ayant à chaque instant libre accès auprès* *du Roi et pouvant obtenir tout ce qu'elle demande...* »

Puis elle va donner une définition très personnalisée de la prière : « *Pour moi, dit-elle, la prière, c'est un élan* *du cœur, c'est un simple regard jeté vers le ciel, c'est un* *cri de reconnaissance et d'amour au sein de l'épreuve comme* *au sein de la joie, enfin c'est quelque chose de grand, de* *surnaturel, qui me dilate l'âme et m'unit à Jésus* » (M.A., p. 207).

« C'EST LA PRIÈRE ET LE SACRIFICE QUI FONT TOUTE MA FORCE » (M.A., p. 288)

Dans les combats et les tentations, Thérèse ne met jamais sa force dans sa propre volonté, mais uniquement dans la prière et le sacrifice. Elle sait bien qu'il lui est « *impossible de se grandir et qu'elle doit se supporter telle qu'elle est, avec toutes ses imperfections* » (M.A., p. 244), mais « elle sait aussi que Dieu ne peut lui inspirer des désirs irréalisables », elle peut donc aspirer à la sainteté par le moyen de la prière.

Nous sommes affrontés au même dilemme. Nous voulons nous convertir, être doux, bons et purs et nous sommes de plus en plus découragés car nous voyons bien que nous n'y arriverons jamais. Le risque est alors de nous attrister : « *Que c'est vilain*, dit Thérèse, *de passer son temps à se morfondre au lieu de s'endormir sur le cœur de Jésus. Sœur Geneviève, vient-elle à se désoler : jamais je ne serai bonne ! — Si, si vous y arriverez* lui répond-elle, *le Bon Dieu vous y fera arriver* » (C. et S., p. 25). Comme Sœur Geneviève, nous risquons de dire : « C'est impossible. Je commence à me connaître » ! Non, la question n'est pas là. L'essentiel n'est pas de se connaître, mais de connaître l'amour efficace de Dieu pour nous. Cet amour est expérimenté, non pas dans les livres, mais à coups d'appel à lui. Alors ce qui est trop difficile, voire impossible, devient réalisable par un recours à Dieu.

Pour cela, il faut acquérir un réflexe de recours à Dieu. Ce n'est pas une fois qu'il faut recourir, mais en toute occasions, dit saint Paul. Tout est dans la force de la demande, c'est-à-dire dans la qualité de l'amour qui pousse à demander. C'est alors que nous faisons jouer ces trois dynamismes du chrétien, à savoir la foi, l'espérance et la charité. Il faut muscler peu à peu notre triple relation à Dieu par des recours à lui. Ils sont d'abord faibles et peu nombreux, puis ils deviennent de plus en plus puissants, comme tout ce qui est vécu et exercé. Il faut donc des demandes fortes, des recours à Dieu qui soient des acharnements et des assauts de l'amour. Ainsi la prière naît de la vie elle-même et peut devenir continuelle. Mais ils sont très rares les hommes qui recourent sans cesse à Dieu.

Thérèse dit qu'il ne faut pas s'inquiéter de la faiblesse de nos premiers recours. Il faut faire cette prière : « Je crois, Seigneur, que tu peux en ce moment me donner des forces pour ce combat car tu m'aimes. » Par curiosité, je suis allé relire les tables de citations de Thérèse pour le mot « prière » et j'ai été frappé de l'insistance avec laquelle elle note l'ardeur et la ferveur de sa prière. Et la plupart du temps, elle ajoute que sa prière fut exaucée. Relevons quelques-unes de ces citations, mises bout à bout, elles sont impressionnantes. Elles correspondent toutes à des situations où Thérèse ne peut plus que recourir au ciel :

« *J'y restai longtemps priant avec ferveur* » (M.A., p. 132). A propos de la Vierge, elle dit : « *Avec quelle ardeur ne l'ai-je pas priée de me garder toujours* » (M.A., p. 140). A la prière, elle joint aussi la charité concrète : « *Je ne me contentais pas de prier beaucoup pour la sœur... je tâchais de lui rendre tous les services possibles* » (M.A., p. 268). Thérèse se recommande aussi à la prière des autres, c'est très important quand la prière devient difficile ou impossible. Peu importe que l'autre prie ou non, l'intention y est : « *J'avais écrit au bon Père Pichon pour me recommander à ses prières* » (M.A., p. 82). « *Mes prières étaient bien ardentes* » (M.A., p. 154). Thérèse sait aussi que sa prière sera exaucée si elle est faite avec foi, comme le Christ le demande dans l'évangile (Marc 2, 22-24). « *Je sentis que ma prière était exaucée* » (M.A., p. 150). « *Jésus exauça ma prière* » (M.A., 282). « *C'est par la prière et le sacrifice qu'on* peut aider » (M.A., p. 303). « *Voici ma prière : je demande à Jésus de m'attirer dans les flammes de son amour* » (M.A., p. 311).

CONSCIENTS DE NOTRE FAIBLESSE ET CONFIANTS JUSQU'A L'AUDACE

Nous allons vivre alors la relation la plus extraordinaire avec Dieu, mais aussi la plus authentique : lui demander l'impossible, c'est-à-dire la possibilité d'avancer là où le chemin est humainement bloqué. D'où cet apparent paradoxe : « Va à Dieu les mains vides, mais tout dépendra alors de la force de ta demande. » Tout en demeurant petits, nous allons expérimenter la puissance de la parole du Christ : *Tout ce que vous demanderez au Père en priant ; croyez que vous l'avez déjà reçu dans la foi* (Marc 2, 14).

Voilà la route de la sainteté telle que nous la trace Thérèse de Lisieux : « *La sainteté n'est pas dans telle ou telle pratique, elle consiste en une disposition du cœur qui nous rend humbles et petits entre les bras de Dieu, conscients de notre faiblesse et confiants jusqu'à l'audace, en sa bonté de Père* » (N.V., pp. 112-113). Il faut développer une simple disposition à tout recevoir de Dieu sans jamais posséder de vertu, ni de force. Marcher sur une telle route n'est pas confortable car il faut, tout en étant conscients de sa faiblesse, être confiants jusqu'à l'audace en Dieu Père. Et la tentation, c'est d'éliminer un des membres de l'alternative pour avoir la tranquillité.

C'est simple et pas simple. La double difficulté, c'est d'abord de se voir très faible jusqu'au bout de notre vie et ensuite d'avoir envers Dieu une confiance audacieuse. Mais ce ne sont pas les raisonnements qui nous donneront ces deux choses. Il faut essayer, en un mot : « Il faut le faire ! » Ne vous plaignez pas de ne pas réussir. Si vous vous contentez d'écouter les paroles de Thérèse, sans rien faire, alors vous n'avez plus le droit de vous plaindre. Quant aux attestations de réussite, j'en ai des milliers à vous fournir : celles de sainte Thérèse de Lisieux et de tous ceux qui suivent sa voie. Je pense aussi aux moines d'Orient.

C'est ici que nous retrouvons une attitude fondamentale et traditionnelle de la spiritualité orientale : le filtrage des pensées dans le souvenir fréquent du Nom du Seigneur Jésus. A ce point précis, toutes les spiritualités se rejoignent. Il y a en nous tout un flot de désirs, d'impressions et d'événements extérieurs qui nous mettent dans un tourbillon et cependant nous sommes baptisés et le Seigneur Ressuscité vit en nous. Alors nous développons le souvenir de Jésus (la mémoire vivante et active) à l'intérieur de ces pensées. Nous les laissons remonter en nous, sans refoulement, et nous les prenons à bras-le-corps pour les assumer :

« L'invocation facilite la garde du cœur : lorsqu'une « pensée », au sens évangélique, affleure au subconscient, il faut avant qu'elle ne devienne obsessionnelle, écraser avec le Nom la suggestion démoniaque et transfigurer l'énergie ainsi libérée en la revêtant du même Nom » (O. Clément. *Questions sur l'homme.* Stock, p. 86).

« CE MOUVEMENT EST INSPIRÉ PAR L'AMOUR » (SAINT JEAN DE LA CROIX)

Puisque nous en sommes aux convergences entre le mouvement d'abandon et les autres courants spirituels, il n'est pas inutile de noter que Thérèse demeure dans la grande ligne du Carmel. Les familiers de saint Jean de la Croix auront reconnu dans le mouvement d'abandon thérésien le fameux acte anagogique qui permet à l'homme de s'élever au-dessus du créé. Il s'agit toujours de ne pas s'arrêter aux causes secondes, sans les mépriser, pour adhérer à la volonté de Dieu. L'homme s'élance vers Dieu en se détachant de tout le contingent. « Un tel mouvement, dit saint Jean de la Croix est inspiré par l'amour. Il le définit ainsi : « Lorsque nous sentons le premier mouvement de quelque vice... nous recourons sans retard à un acte ou mouvement d'amour anagogique contre le vice, élevant notre cœur à l'union à Dieu » *(Les œuvres spirituelles du Bienheureux Père saint Jean de la Croix.* Éditées par le Père Lucien-Marie, Desclée, 1945, p. 1366).

L'intérêt de Thérèse fut d'avoir compris de l'intérieur ce mouvement et de l'avoir vécu dans la vie quotidienne. Elle peut alors en donner une traduction concrète à ses novices, en les aidant à éviter les tâtonnements pénibles. Mais sa doctrine est de la même veine sanjuaniste.

On pourrait aussi faire un parallèle avec l'examen de conscience de saint Ignace. Il ne s'agit pas de l'exercice que nous mettons parfois sous ce mot et qui consisterait à faire, en fin de journée ou en vue de la confession, un compte exact de ses fautes, mais c'est la mise en œuvre de ce que nous avons dit plus haut. En ce sens, il faut le relier davantage au discernement spirituel qu'à la vie morale (1). Il s'agit

---

(1) Quiconque voudrait avoir une traduction moderne de l'Examen de conscience selon saint Ignace pourrait se reporter à trois articles parus dans *Vie chrétienne,* oct., nov., déc. 1977, intitulés : « *Vigilance spirituelle* » du P. Aschenbrenner, maître des novices des Jésuites aux U.S.A.

d'aller à Dieu, les mains vides, dans l'action de grâces, pour reconnaître ce qu'il est en train de faire en nous. On peut le définir comme une remise de tout l'être dans le courant du Saint-Esprit, pour donner plus de prise à son action, après les défaillances inévitables. C'est un abandon actif à l'action de l'Esprit en nous. Et ce mouvement se situe sur le plan d'une parfaite disponibilité d'un être à l'action de Dieu. Il s'agit de revenir à Dieu, ne fût-ce que quelques instants, pour déployer devant lui nos préoccupations, et nos projets pour qu'il en demeure le maître.

Quand le fait-on ? De ce point de vue, on le fait tout le temps. Il est comme un exercice de présence à Dieu, mais non extérieur à l'action que nous sommes en train de faire ou à nos conditions de vie. Il s'accomplit dans l'action du moment pour en purifier les motifs et diriger notre intention vers Dieu. Plus que présence à Dieu, il est coopération à l'action de Dieu en nous.

Un jour que Thérèse s'entretenait avec Céline sur l'union à Dieu, cette dernière lui posa une question : « Comme je lui demandais si elle perdait quelquefois la présence de Dieu, elle me répondit très simplement : *"Oh ! non, je crois bien que je n'ai jamais été trois minutes sans penser au Bon Dieu."* Je lui témoignai ma surprise qu'une telle application soit possible. Elle reprit : *"On pense naturellement à quelqu'un que l'on aime »* ! (C. et S., p. 77).

On est impressionné par ce fait extraordinaire que « Thérèse n'a jamais été trois minutes sans penser à Dieu ». Et comme Céline, on pourrait être surpris qu'une telle application soit possible. Et Thérèse lui répond qu'il est normal de penser à quelqu'un que l'on aime. C'est donc dans l'amour vécu au ras de l'existence, dans le mouvement d'abandon, qu'il faut chercher la source de son union à Dieu et de sa prière continuelle.

C'est vraiment dans ce mouvement d'abandon que se situe la véritable union à Dieu dans l'action. Et c'est ici que Thérèse a vraiment un message pour les hommes d'action qui aspirent à la prière continuelle, tout en restant plongés dans une vie apostolique. Un professeur de séminaire m'écrivait récemment : « Je suis parfois déconcerté de voir combien les plus « pieux » sont parfois peu ouverts apostoliquement, et aussi combien les plus ouverts risquent de manquer de profondeur et de tomber dans la « mondanité ». Au fond, beaucoup de gens, voire de prêtres et de religieux, ont une idée fausse de la vie et de la prière. » « Ils pensent que la vie consiste à s'agiter et que la prière consiste à se retirer quelque part et à oublier tout de notre prochain et de notre situation humaine. C'est une calomnie de la vie et c'est une calomnie de la prière elle-même » (Mgr Antoine Bloom).

Thérèse vient nous redire qu'il ne faut pas chercher des conciliations impossibles, que la prière continuelle ne consiste pas à avoir des « pensées d'accompagnement », comme s'il fallait saupoudrer notre vie de quelques bribes de prière. Ce qui compte, nous dit Thérèse, c'est que nous soyons au plus profond de la vie de Dieu avec tout notre être d'homme (Eph 3, 19). Thérèse ne s'évade jamais de sa vie réelle, c'est à même son existence qu'elle passe à Dieu avec armes et bagages. Comme dit A. Bloom : « La prière naît de deux sources : ou bien c'est l'émerveillement de la louange et de l'action de grâce, ou bien c'est le tragique de la supplication et de l'intercession. »

En ce sens précis que sa prière s'enracine dans son mouvement d'abandon, on pourrait dire de Thérèse ce que l'on disait d'Ignace de Loyola qu'il était «un contemplatif dans l'action ». C'est au cœur même de sa vie et de son action auprès des novices qu'elle priait sans cesse. L'union à Dieu ne se trouve pas dans une division psychologique, mais si notre cœur est détaché de lui-même et entièrement abandonné à Dieu, il prie sans cesse. Ainsi dans la faiblesse, Thérèse éprouve la force de la grâce ; à condition qu'elle objective cette faiblesse et la reconnaisse, elle expérimente la présence et la puissance du Seigneur Jésus. D'où la tradition de la prière de Jésus en Orient afin que le Seigneur soit présent au milieu de tout notre être d'homme : « Que mon humanité, disait le Père Teilhard, devienne un champ d'expérience pour le Saint-Esprit. » On pourrait parler aussi de la vigilance du cœur. Saint Benoît dit que le moine doit fuir l'oubli de Dieu et écraser toutes les pensées sur le roc du Christ.

Pour terminer, nous voudrions évoquer un autre « lieu théologique » de la spiritualité : « l'instant présent » (Père de Caussade), mais nous y reviendrons. C'est, avec le mouvement d'abandon et l'acte anagogique, le lieu privilégié où l'on rencontre Dieu car c'est là que se révèle sa volonté dans le tissu de notre vie. Thérèse le dira clairement à propos de sa retraite de profession : « *J'ai remarqué bien des fois que Jésus ne veut pas me donner de provisions, il me nourrit à chaque instant d'une nourriture toujours nouvelle, je la trouve en moi sans savoir comment elle y est... Je crois tout simplement que c'est Jésus lui-même caché au fond de mon pauvre petit cœur qui me fait la grâce d'agir en moi et me fait penser tout ce qu'il veut que je fasse au moment présent* » (M.A., p. 190).

J'ai toujours aimé cette parole de saint Alphonse Rodriguez, le portier de Majorque, qui résume bien l'acte d'abandon de Thérèse : « Quand j'éprouve une amertume en moi, je mets cette amertume entre Dieu et moi et je le prie jusqu'à ce qu'il la transforme en douceur » *(Vie admirable de St Alphonse Rodriguez,* p. 95). Il s'agit toujours de voir en face ce sentiment d'amertume, de le mettre entre ses mains et de l'offrir au Seigneur qui transforme l'obstacle en moyen. Dans la vie spirituelle, on peut être privé de l'oraison, de l'Eucharistie et des autres moyens spirituels, mais ce dont on n'est jamais dispensé, c'est qu'à l'intérieur de soi-même, on s'en remette à Dieu dans la purification du cœur. Thérèse nous dit que c'est une source de liberté profonde où l'on trouve la vraie joie.

9

LA PRIÈRE D'ABANDON

Nous disions précédemment que la prière de Thérèse avait comme deux pôles : un mouvement ascendant de supplication qui correspondait à l'aspiration et un mouvement descendant plus centré sur la louange et l'abandon. Un texte illustrera et résumera bien le premier mouvement, il vient dans les manuscrits au moment où Thérèse parle de la prière :

« La Sainte Vierge me montre qu'elle n'est pas fâchée contre moi, jamais elle ne manque de me protéger aussitôt que je l'invoque. S'il me survient une inquiétude, un embarras, bien vite je me tourne vers elle et toujours comme la plus tendre des mères elle se charge de mes intérêts. Que de fois en parlant aux novices, il m'est arrivé de l'invoquer et de ressentir les bienfaits de sa maternelle protection ! » (M.A., p. 291).

Mais c'est sur le deuxième pôle que nous voudrions nous arrêter aujourd'hui, le plus important dans la vie de Thérèse, qui définissait la prière comme *« un regard jeté vers le ciel, un cri de reconnaissance et d'amour au sein de l'épreuve comme au sein de la joie... qui me dilate l'âme et m'unit à Jésus »* (M.A., p. 290).

La prière de Thérèse est fortement marquée par le mouvement d'abandon qu'elle pratique et vit au fil des jour-

126

nées. On peut dire que c'est une prière mystique au sens réel de ce mot, c'est-à-dire une prière où l'action de Dieu prend le pas sur l'activité de l'homme. N'oublions jamais que la prière est le reflet exact de la vie spirituelle. Et saint Jean de la Croix a bien noté que le passage entre une vie spirituelle à dominante active à une vie à dominante passive était marqué par une simplification de la prière et une impossibilité à produire des considérations.

Ce ne sont pas les grâces extraordinaires qui font la vie mystique, comme dit avec humour le Père Molinié, « ces grâces font partie du magasin des accessoires ». Il faut reconnaître que dans la vie de Thérèse, il y a eu des grâces mystiques très réelles, mais purement intérieures : à un moment donné, elle a expérimenté que le feu de l'amour divin brûlait son propre cœur. Mais l'essence de sa vie mystique fut cette passivité active et vivante qui se déroule dans une atmosphère de paix. Elle sentait qu'elle était portée par l'amour de Dieu comme un enfant est porté dans les bras de son père. Elle était sûre que rien ne pouvait lui arriver parce qu'elle *savait en qui elle avait mis sa confiance* (2 Tim 1, 12).

Ce qui paraît surtout dans les écrits de Thérèse quand elle évoque sa prière, ce sont des oraisons de quiétude, de silence et de paix. Elle est là sous le regard du Père, avec une conscience très vive d'être aimée par lui, vivant de cette tendresse qui la comble et aussi la dépasse. A partir du moment où le cœur de Thérèse est emporté au-delà de ses inquiétudes, disant comme Abraham : « *Dieu y pourvoira* », on peut dire qu'elle est devenue mystique, sans qu'elle en ait une conscience claire.

UNE PRIÈRE DANS LA FOI NUE

Il ne faudrait pas croire que Thérèse nageait dans les consolations et qu'elle avait une conscience toujours très vive de cette présence de Dieu. Elle a connu comme chacun d'entre nous des états confus de sécheresse et elle a fait une certaine expérience de l'absence de Dieu. Ainsi quand elle part pour sa retraite de profession, elle avoue qu'elle sait ce qui l'attend et elle dit avec humour : « *Jésus va dormir comme d'habitude* », mais le fait qu'elle se plaint de l'absence de Dieu, c'est le signe que Dieu la travaille ! Pour sentir son absence, il faut savoir ce qu'est sa présence. Pour éprouver Dieu comme lointain, il faut qu'il soit présent dans le cœur d'une manière cachée.

Mais il faut surtout insister sur la manière avec laquelle elle a réagi dans ses périodes d'obscurité. Elle aurait pu se tendre, vouloir à tout prix se procurer cette présence de Dieu par des sentiments factices de la volonté ou de l'imagination, jamais elle ne réagira de la sorte. Dans sa prière comme dans sa vie quotidienne, elle va faire jouer le ressort de l'abandon ou plutôt le dynamisme de l'abandon. Je vous invite à faire la même expérience.

Vous êtes des croyants, assurés que Dieu vous aime avec tendresse. Vous arrivez à l'oraison et vous êtes comme une brute devant Dieu. Au lieu de forcer la main de Dieu à venir à vous, dites-lui simplement : « Mon Père, je m'abandonne à vous faites de moi ce qu'il vous plaira. Quoi que vous fassiez de moi, je vous en remercie. Je suis prêt à tout, j'accepte tout. » Sans doute avez-vous reconnu la très belle prière d'abandon du Père Charles de Foucauld ? Faites-la jusqu'au bout et vous verrez qu'une immense détente va se faire en vous, qu'un sentiment de paix et de douceur va vous envahir, bien au-delà de toute consolation sensible.

Je connais des êtres cadenassés dans leurs difficultés éprouvant en eux un sentiment de déblocage à partir du moment où ils ont réalisé qu'ils n'étaient pas les maîtres de leur vie et que Dieu les tenait en mains. Cela n'enlève rien à leur responsabilité personnelle, mais la situe en second par rapport à l'action de Dieu.

Et vous allez vivre le paradoxe de Thérèse qu'une prière sèche peut devenir très nourrissante et nous faire expérimenter la vraie joie de Dieu. Une parole de saint Jean de la Croix m'avait toujours impressionné : « L'âme ne va pas à l'oraison pour se fatiguer, mais pour se détendre. » Et il ne passait pas pour quelqu'un qui favorisait la recherche des consolations sensibles à l'oraison ! Parlant de Thérèse, sa sœur Céline dira : « Sa vie entière s'écoula dans une foi nue. Il n'y avait pas d'âme moins consolée dans la prière ; elle me confia qu'elle avait passé sept ans dans une oraison des plus arides : ses retraites annuelles, ses retraites du mois lui étaient un supplice. Et cependant on l'eût crue inondée de consolations spirituelles, tant ses paroles et ses œuvres avaient d'onction, tant elle était unie à Dieu » (C. et S., p. 76).

Pour une carmélite qui doit passer chaque jour quatre ou cinq heures en prière, on mesure ce qu'a dû être l'épreuve de Thérèse de subir sept années d'oraison aride. Mais c'est là que nous allons saisir sur le vif le dynamisme de l'abandon : « Malgré cet état de sécheresse, dit encore sa sœur, elle n'était que plus assidue à l'oraison, *heureuse par là même, de donner davantage au Bon Dieu*". Elle ne souffrait pas qu'on dérobât un seul instant à ce saint exercice et formait ses novices dans ce sens » (C. et S., p. 77). Dans la prière, Thérèse cherche donc Dieu pour lui-même. De ce point de vue, la sécheresse est utile parce qu'elle l'assure qu'elle ne va pas à la prière pour les idées et les sentiments qu'elle y trouve, mais pour Dieu seul, quels que soient les sentiments dont la prière s'accompagne. Ainsi l'oraison la plus sèche développe en Thérèse un « affectus fidei », un amour de foi dont parlent les spirituels. Céline dit qu'on la croyait inondée de consolations, tant ses paroles et ses œuvres avaient d'onction, tant elle était unie à Dieu.

Elle va à Dieu simplement pour être avec lui et se donner « *davantage* » — c'est son expression — à son amour. Ainsi dans ses rapports avec Dieu, comme dans ses rapports avec ses sœurs, elle en vient à distinguer le sentiment vrai de la pure émotivité où nous enfermons trop souvent la prière et la vie fraternelle. C'est un vrai discernement qui vérifie la vie de prière de Thérèse et son amour pour ses sœurs. Il se produit par un attachement de plus en plus grand à Dieu et aux autres, aimés et voulus pour eux-mêmes. Quand un être accepte de traverser ce désert, Dieu peut le combler de sa douceur et il expérimente la vraie consolation, celle de l'Esprit-Saint : « Consolateur souverain, hôte très doux de nos âmes, adoucissante fraîcheur... Viens remplir l'intime du cœur de tes fidèles. »

« JE DIS SIMPLEMENT AU BON DIEU CE QUE JE VEUX DIRE » (M.A., p. 290)

On comprend alors que Thérèse fait l'expérience de la liberté dans l'oraison. Elle n'est plus attachée à une forme de prière, elle n'a pas besoin d'aller chercher dans les livres de belles formules composées pour la circonstance. Et elle ajoute avec humour : « *Je n'ai pas le courage de m'astreindre à chercher dans les livres de belles prières, cela me fait mal à la tête, il y en a tant* » ! (M.A., p. 290). Comme elle est proche de nous, cette sainte qui a mal à la tête devant tant de prières et, osons le dire, tant de fadaises !

Lorsqu'on est dans les bras de quelqu'un, ce serait inconvenant de lui dire : « Attendez un peu que j'aille chercher dans un manuel ce que je dois vous dire » ! Il suffit simplement de laisser jaillir son cœur. Une fois que l'accord de fond est établi entre nous, on peut toucher toutes les autres cordes de son instrument, dit le Père Surin. Mais il faut beaucoup de temps pour que le Saint-Esprit nous fasse pénétrer dans cette étreinte du Père et du Fils. Les amoureux restent de longues heures dans les bras de l'un l'autre, sans se parler. Une seule parole pourrait rompre cette intimité et briser le fil ténu de cette relation de tendresse.

Saint Bernard dira dans le *Commentaire du Sermon VIII* (sur le Cantique des Cantiques) « que cette connaissance mutuelle du Père et du Fils, cet amour réciproque n'est pas autre chose que le baiser le plus doux, mais aussi le plus secret. » L'homme qui reçoit l'Esprit reçoit ce baiser et entre dans l'étreinte trinitaire. Et, il ajoute : « Jean puisa dans le sein du Fils unique ce que celui-ci avait puisé dans le sein de son Père. Tout homme peut aussi entendre en lui l'Esprit du Fils, appelant "Abba ! Père". Si le mariage charnel unit deux êtres en une seule chair, à plus forte raison, l'union spirituelle les joint en un seul esprit. »

C'est l'essence même de la prière car c'est le temps des fiançailles où l'on jette sur l'autre un regard de plénitude et où l'on jouit l'un de l'autre. Ce n'est pas sans éprouver une coupable indiscrétion que l'on pénètre ainsi à la dérobée dans la prière de Thérèse et l'on a toujours peur d'employer le langage grossier de nos expériences humaines pour évoquer quelque chose d'indicible. Et pourtant Thérèse nous laisse entendre par certaines confidences qu'elle fut admise à expérimenter cette parole du Père à Jésus : *Tu es mon Fils bien-Aimé. Tu as toute ma faveur.*

Un jour où sa sœur Céline entrait dans sa cellule — nous reviendrons sur cet événement —, elle trouva sa sœur en train de prier le « Pater », dans un grand recueillement. Et des larmes brillaient dans ses yeux. Elle ajoute : « Elle aima le Bon Dieu comme un enfant chérit son Père avec des tours de tendresse incroyables. Pendant sa maladie, il arriva qu'en parlant de Lui, elle prit un mot pour autre et l'appela *"Papa"*. Nous nous mîmes à rire, mais elle reprit tout émue : *"Oh ! oui, il est bien mon 'Papa' et que cela m'est doux de lui donner ce nom"* » (C. et S., p. 82).

On pense naturellement ici à ce que dit Paul dans sa lettre aux Romains : *Vous avez reçu un Esprit qui fait de vous des fils adoptifs et par lequel nous crions : Abba ! Père !* (8, 15). « C'est le mot familier de l'enfant *"Papa"*, inconnu dans le vocabulaire religieux du judaïsme, il est l'expression de l'intimité filiale, pleine de familiarité et de tendresse de Jésus et de son Père » (T.O.B. Note Z, p. 469).

Au fond, dans sa prière, Thérèse poursuit le dialogue de Jésus avec son Père, à propos de tous les hommes. Et le fond de sa prière est constitué par un seul mot, « Père », qui affleure à sa conscience comme en celle de Jésus, à toutes les occasions : *Père, je te rends grâce de m'avoir exaucé... Père, je te bénis d'avoir caché cela aux sages et aux habiles... Père, je te loue...*

Mais dans ce dialogue très simple, il y a place pour toute une gamme de sentiments et d'échanges, comme on le fait avec un ami qui nous écoute et nous aime. On lui parle familièrement pour lui dire tout ce que l'on a dans le cœur et touche à notre propre vie : « *Je fais comme les enfants qui ne savent pas lire, dit Thérèse, je dis tout simplement au Bon Dieu ce que je veux Lui dire, sans faire de belles phrases et toujours il me comprend* » (M.A., p. 290).

« *JE RÉCITE TRÈS LENTEMENT UN "NOTRE PÈRE"* » (M.A., p. 291)

Chez Thérèse, il y un jeu mutuel entre la prière du cœur et la prière des lèvres. On pourrait croire, après tout ce que nous avons dit, que Thérèse n'aimait pas la prière vocale. Il faut bien comprendre le sens de ses paroles. Comme le Christ dans l'Évangile, elle ne peut supporter un certain rabâchage, comme s'il s'agissait de parler beaucoup pour se faire mieux entendre. Le Père sait ce dont nous avons besoin, il n'est pas utile de le lui rappeler dans un flot de paroles. C'est pourquoi le fond de la prière de Thérèse est constitué par un silence d'amour. Elle fait taire tous ses circuits personnels pour se mettre à l'écoute de Dieu. Et c'est quand elle se tait que Dieu peut parler. Ensuite Thérèse est vraie et elle est peu attirée par le « sublime » des prières toutes faites. Mais elle a dit elle-même qu'elle aimait l'office divin.

Par ailleurs, elle expérimente ce que nos frères d'Orient disent de la prière de Jésus. Ils conseillent à celui qui se met en prière de réciter lentement la formule. « Seigneur Jésus, Fils de Dieu Sauveur, prends pitié de moi, pécheur », de telle façon que la prière des lèvres allume progressivement la prière du cœur. Le signe que cette prière est descendue de la tête dans le cœur est que l'homme éprouve en lui une certaine douceur, ou mieux encore une chaleur, celle de l'Esprit-Saint. Thérèse ne connaissait pas la prière de Jésus, mais elle retrouve là une grande loi traditionnelle de la prière.

Un homme tel que Julien Green évoque cet état produit par la récitation de certaines prières. C'est ainsi qu'il écrit dans son *Journal* : « Ce n'est pas dans les livres qu'on apprend à prier, pas plus qu'on n'apprend par les livres à parler l'anglais ou l'allemand. On peut remarquer ceci pourtant qui échappe à beaucoup d'auteurs, c'est qu'il y a un moment où celui qui prie perd pied tout à coup. Même les prières récitées mènent là quelquefois. Que signifie perdre pied ? Cela signifie qu'on ne sait plus ce que l'on fait et que cela n'a plus d'importance. C'est un peu comme la seconde où l'on tombe dans le sommeil. Que de fois j'ai guetté cet instant de la chute dans le sommeil ! Mais il vient sans qu'on le sache, et je pense qu'il en va de même pour la prière avec ou sans paroles » (J. Green, *Vers l'invisible*, Livre de Poche, p. 111).

Thérèse a expérimenté ce fait habituel dans la vie de prière, selon le principe que nous énoncions plus haut, à savoir qu'on pense à l'Autre avant de s'inquiéter de soi. Et elle expérimente cela surtout dans les périodes de sécheresse : « *Quelquefois lorsque mon esprit est dans une si grande sécheresse qu'il m'est impossible d'en tirer une pensée pour m'unir au Bon Dieu, je récite très lentement un "Notre Père" et puis la Salutation angélique ; alors ces prières me ravissent, elles nourrissent mon âme bien plus que si je les avais récitées précipitamment une centaine de fois* » (M.A., p. 291).

134

Que se passe-t-il alors quand un homme dit lentement les paroles du « Notre Père » ? A force de frapper son cœur, avec les paroles mêmes du Christ, il le transperce et fait jaillir l'Esprit caché tout au fond de son cœur, dont il n'a même pas conscience. C'est à peu près ce que dit Paul dans les Romains (8, 26) : *Quand on ne sait pas choisir ses mots pour prier* (quand on n'a pas de mots), *l'Esprit prie en nous avec des gémissements trop profonds pour les paroles.*

A ceux qui peinent durement dans la prière, nous voudrions donner ce simple conseil de Thérèse. Prenez une heure pleine et le texte du « Notre Père » car il faut beaucoup de temps pour se recueillir et devenir une personne attentive, capable de durer dans la prière avec une seule parole. Quand vous aurez fait silence pour que l'Esprit vienne en vous redire la prière de Jésus à son Père, dites lentement : « Notre Père qui es aux cieux », « on restera à considérer ce mot aussi longtemps que l'on trouvera des sens, des comparaisons, du goût et de la consolation dans les considérations se rapportant à ce mot » (Saint Ignace, *Exercices* n° 252). Puis on fera de même pour les autres paroles du « Notre Père ». Sans doute n'arriverez-vous pas au bout du texte à la fin de l'heure, peu importe ! L'essentiel n'est pas de méditer sur les paroles du Christ, mais de les presser dans son cœur et de les supplier avec ses lèvres. Ainsi quand vous dites : « Que ton Nom soit sanctifié », retournez cette parole et dites-la d'une autre façon : « Sanctifie ton Nom », « Montre-toi Saint » ! Au cours de cette prière, il faudra fixer le Christ et vous tenir aux paroles, en rejetant toute autre image ou idée. Vous aurez à vaincre l'ennui. Mais soyez persuadé qu'une fois sorti de la prière, vous surprendrez votre cœur « en flagrant délit de prière ». Cette manière de prier est très nourrissante pour la vie d'union à Dieu.

Thérèse comprend cela de l'intérieur et quand elle commence à dire le Notre Père, elle s'arrête et ne peut pas aller plus loin. Elle comprend déjà ce que nous verrons dans l'éternité. En un mot, elle goûte déjà le ciel sur la terre et elle ne voit pas bien ce qu'elle aura de plus au ciel qu'elle ne possède déjà sur la terre. Elle réalise pleinement le but que Thérèse d'Avila a assigné à ses filles lorsqu'elle les invite à faire oraison. Un jour qu'on parlait devant Thérèse de Lisieux des magnétiseurs et des hypnotiseurs, elle s'est écriée : « *Comme je voudrais être hypnotisée par le Christ !* » Au fond, faire oraison, pour la grande Thérèse comme pour la petite, c'est accepter de se mettre pendant une heure sous le rayonnement fulgurant du regard de Dieu, qui pénètre jusqu'au fond du cœur, comme un laser.

Je suis étonné aujourd'hui quand je vois bon nombre de religieux et de religieuses courir après toutes les techniques orientales — que je ne méprise pas — pour leur apprendre à prier. J'ai envie de leur dire : « N'allez donc pas trop regarder du côté des Hindous, regardez donc votre chien qui attend le retour de son maître, et vous saurez ce que c'est qu'attendre le retour de Jésus-Christ et donc faire oraison ! » Ce n'est pas marrant d'être un pauvre chien qui ne peut rien faire pour sortir de la situation d'attendre car il n'a aucune autre carte de rechange pour se distraire en attendant la venue de son maître. Il est obligé de s'ennuyer jusqu'au moment où il le verra.

Je pense ici à Thérèse d'Avila, elle a soixante-sept ans, à la veille de sa mort ; elle est là sur son grabat. Le Père Antoine de Jésus lui porte le Saint-Sacrement. Elle a la force de se redresser et regardant le Christ-Eucharistie : « Enfin, dit-elle, mon Bien-Aimé, nous allons nous voir, il est temps de nous mettre en route. » Mais Thérèse est en route depuis toujours, depuis qu'elle s'est mise à faire oraison.

Telle est la prière d'abandon chez Thérèse : « Un jour, j'entrai dans la cellule de notre chère Sœur et je fus saisie par son expression de grand recueillement. Elle cousait avec activité et cependant semblait perdue dans une contemplation profonde :

« A quoi pensez-vous, lui demandai-je ?

— *Je médite le Pater,* me répondit-elle. *C'est si doux d'appeler le Bon Dieu notre Père !...* Et des larmes brillèrent dans ses yeux » (C. et S., p. 81).

Pour terminer, je voudrais vous citer un texte plein d'humour donné par Henri Brémond. Il pourrait s'appliquer à Thérèse comme à tous ces petits à qui sont révélés les mystères du Royaume. Il illustre bien ce que nous avons essayé de dire ici très imparfaitement :

« La Mère de Ponçonnas, fondatrice des Bernardines réformées, en Dauphiné, étant à Ponçonnas pendant son enfance, il lui tomba entre les mains une pauvre vachère laquelle lui parut si rustique qu'elle crut qu'elle n'avait aucune connaissance de Dieu. Elle la tire à l'écart où elle commença de tout son cœur à travailler à son instruction. Cette merveilleuse fille la pria avec abondance de larmes de lui apprendre ce qu'elle devait faire pour achever son Pater, car, disait-elle en son langage des montagnes : « Je n'en saurais venir à bout. Depuis près de cinq ans, lorsque je prononce ce mot "Pater", et que je considère que celui qui est là-haut, disait-elle en levant le doigt, que celui-là même est mon Père, je pleure et je demeure tout le jour en cet état en gardant mes vaches. » (Brémond, *Histoire du Sentiment religieux,* II, p. 66).

10

THÉRÈSE DÉCOUVRE
UNE VOIE NOUVELLE

La vie d'un saint est en perpétuelle évolution et la vie de Thérèse n'a pas échappé à cette loi de croissance. Elle n'a jamais cherché à savoir où elle en était dans son cheminement, car elle ne voulait pas amasser de mérites. Il lui importe peu de mourir jeune ou âgée, « *ce qu'elle désire uniquement, c'est de faire plaisir à Jésus* » (M.A., p. 246). Mais au soir de sa vie, au moment où elle chante les miséricordes du Seigneur à son égard, en écrivant l'Histoire de son âme, elle jette un regard sur les différentes étapes parcourues. En écrivant, elle se situe devant Dieu en fixant les mouvements de son action en elle afin d'en garder spirituellement le souvenir et de juger de la direction qu'il lui imprime.

C'est par les sommets qu'elle contemple l'enchaînement des grandes étapes de sa vie. Elle comprend avec joie que tous les instants de sa destinée humaine ont été transfigurés par l'action de Dieu et elle en rend grâces. Notre propos ici n'est pas de décrire la courbe de son cheminement, qui se réalise diversement en chaque saint, d'autres l'ont très bien fait pour Thérèse, nous pensons ici au Père Conrad de Meester dans son livre *Les mains vides*. Nous voudrions simplement retenir une seule étape qui nous a semblé fondamentale pour notre propos, à savoir le moment où elle entre dans ce qu'elle appelle « *sa petite voie toute nouvelle* » (M.A., p. 244). C'est alors qu'elle amorce son mouvement d'abandon.

La découverte du mouvement d'abandon est lié chez elle à la prise de conscience de sa voie nouvelle, voie bien droite et bien courte (M.A., p. 244). Ce qui nous permet d'affirmer cette liaison entre « voie nouvelle » et « abandon », c'est une expression charnière qui revient dans les deux textes où elle parle de l'abandon et de sa petite voie. Elle fait allusion alors « *aux bras de Dieu ou de Jésus* ». Citons pour mémoire ces deux textes.

Le premier où elle parle de l'abandon : « *Jésus se plaît à me montrer l'unique chemin qui conduit à cette fournaise divine, ce chemin, c'est l'abandon du petit enfant qui s'endort sans crainte dans les bras de son Père* » *(*M.A., p. 218). Et le second texte va s'enrichir de deux nouvelles images, celles de l'escalier et de l'ascenseur que seront les bras de Jésus : « *Moi je voudrais aussi trouver un ascenseur pour m'élever jusqu'à Jésus, car je suis trop petite pour monter le rude escalier de la perfection... l'ascenseur qui doit m'élever jusqu'au ciel, ce sont vos bras, ô Jésus* » (M.A., p. 245).

NE S'APPUYER SUR RIEN

Mais revenons à cette étape de l'abandon dans le cheminement spirituel de Thérèse. Oublions un peu le chemin, mais en profitant quand même de son enseignement. Le mieux est de comprendre ce qu'elle a voulu dire pour que nous puissions rester souples quand Dieu nous invitera à courber l'échine pour entrer dans cette voie d'abandon.

Thérèse a toujours désiré être une grande sainte et c'est pour Jésus seul qu'elle est venue au Carmel. Elle ajoute que le Seigneur lui a fait la grâce de n'avoir aucune illusion et de trouver au Carmel la vie telle qu'elle était : cela plaide pour un grand réalisme, à quinze ans ! Dès qu'elle en a eu conscience, Thérèse s'est donnée à Dieu sans réserve, mais elle ne pouvait éviter de vouloir cette perfection d'une manière un peu trop humaine et trop active. Nous rêvons tous d'une sainteté conquise à la force des poignets. Elle sait par expérience qu'il ne faut s'appuyer sur rien, ni sur ses mérites, ni sur sa volonté, ni sur ses ressources humaines.

Mais il est normal de faire des plans de sainteté, de se mortifier pour atteindre le but qu'on s'est fixé et qui est ici : Dieu lui-même et sa sainteté. L'homme est toujours tenté de vouloir s'emparer de Dieu au moyen de ses œuvres, de son ascèse et de sa prière : toutes ces attitudes sont des faux mouvements. Il ne doit pas lever les mains pour saisir Dieu, mais il doit les baisser dans un mouvement d'accueil et de désir. Il faut désirer Dieu de toutes les forces de son être, tout en renonçant à le conquérir.

Thérèse a mis en œuvre toutes ses ressources humaines, mais elle se rend vite compte que cela est peu de chose. Il y a dans notre besoin d'activité menée en vue de la sainteté beaucoup d'amour propre, il y a surtout un instinct de posséder et de réaliser où se glisse pas mal d'orgueil : « *Ah ! voilà que vous voulez posséder des richesses, avoir des possessions ! S'appuyer là-dessus, c'est s'appuyer sur un fer rouge* » (C. et S., p. 29).

140

Et c'est pourquoi dans nos relations avec Dieu comme dans nos relations avec nos frères, nos meilleurs désirs ont besoin d'être purifiés. Je dirai : plus elles visent un but élevé, plus nos intentions doivent être nettoyées, comme le sarment de la vigne. C'est alors que Dieu se met à l'œuvre en nous — il n'a jamais cessé d'agir du reste — pour essayer de nous faire comprendre que nous avons mal calculé la dépense. Nous avons à comprendre que Dieu n'est pas seulement le but vers lequel tendent tous nos efforts mais qu'il est aussi la source d'où ils naissent.

Pour beaucoup d'entre nous, il faut un sérieux travail de la grâce pour nous faire comprendre cela : c'est l'œuvre des purifications passives décrites par saint Jean de la Croix. Des crises plus ou moins aiguës surviennent dans notre vie — qu'il s'agisse des tensions de notre psychologie ou des événements extérieurs, peu importe ! — l'essentiel est que nous découvrions expérimentalement que Dieu est tout et que nous ne sommes rien. En fait, Dieu creuse en nous le sol de l'humilité afin de pouvoir y faire germer la graine de la sainteté. Il y aurait un moyen d'échapper à des crises, c'est d'être plus bas que terre afin que Dieu n'ait rien à raboter. En un mot, les humbles n'ont rien à craindre en ce domaine.

C'est parce que Thérèse était profondément humble, rappelons-nous ses dernières paroles, sur son lit de mort : « *Oui, il me semble que je suis humble, je n'ai jamais cherché que la vérité.* » C'est à cause de cette humilité qu'elle a très vite compris que Dieu faisait tout, qu'elle ne pouvait rien faire, sinon que consentir à Dieu : « Parce qu'elle était profondément humble, sœur Thérèse de l'Enfant-Jésus se sentait incapable de gravir le rude escalier de la perfection, aussi s'appliqua-t-elle à devenir de plus en plus petite, afin que le Bon Dieu se charge complètement de ses affaires et la porte dans ses bras, comme il arrive dans les familles, aux tout petits enfants. Elle voulait être sainte, mais sans grandir » (C. et S., p. 46).

Bien qu'elle soit très humble, Thérèse n'a pas été dispensée de faire l'expérience de son impuissance. Ses meilleurs désirs ont dû passer au creuset de la purification. Elle a compris vitalement ce que disait un vieux trappiste à des moniales dont il était aumônier : « Le Bon Dieu fait tout, mais il dépend de nous qu'il fasse tout. » Quand elle évoque le rude escalier de la perfection, elle ne peut oublier que lorsqu'elle était enfant, elle ne pouvait monter l'escalier seule, sans appeler à chaque marche : « *Maman ! Maman !* » (Lettre de Mme Martin à Pauline, nov. 1875, A.L. mai-juin 1944, p. 19).

« *JE PUIS DONC, MALGRÉ MA PETITESSE, ASPIRER A LA SAINTETÉ* » (M.A., p. 244)

Voilà comment elle s'exprime à ce sujet à Mère Marie de Gonzague. Ce texte est fondamental dans le cheminement de Thérèse, nous en avons cité des bribes, il faut le lire dans sa totalité : « *Vous le savez, ma Mère, j'ai toujours désiré être une Sainte, mais hélas ! j'ai toujours constaté, lorsque je me suis comparée aux saints, qu'il y a entre eux et moi la même différence qui existe entre une montagne dont le sommet se perd dans les cieux et le petit grain de sable obscur foulé par les pieds des passants ; au lieu de me décourager, je me suis dit : Le Bon Dieu ne saurait inspirer des désirs irréalisables, je puis donc malgré ma petitesse aspirer à la sainteté ; me grandir, c'est impossible, je dois me supporter telle que je suis, avec toutes mes imperfections, mais je veux chercher un moyen d'aller au ciel par une petite voie bien droite, bien courte, une petite voie toute nouvelle »* (M.A., p. 244). Et c'est la découverte de l'ascenseur !

Une fois qu'elle a pris conscience de son impuissance, de ses imperfections et surtout après s'être acceptée telle qu'elle est, Dieu peut se révéler à Thérèse comme celui qui est prêt à faire tout le travail. Au début, elle cherchait à marcher vers Dieu et surtout à l'aimer ; au terme, elle comprend qu'il suffit de se laisser aimer par lui. Cela suppose chez elle une lumière très profonde sur la dimension tout à fait folle de l'amour de Dieu pour elle. Thérèse n'a pas décidé un beau jour d'entrer dans la « *petite voie* » et de s'abandonner à Dieu ; mais le 9 juin 1895, elle reçut « *la grâce de comprendre plus que jamais combien Jésus désire être aimé* » (M.A., p. 210).

Voilà la découverte extraordinaire qu'elle a faite. Elle a compris que Dieu était l'amour et qu'il s'agenouillait aux pieds de sa créature pour lui demander : « Veux-tu de cet amour ? » Il ne s'agissait plus pour Thérèse d'aimer Dieu mais de se laisser aimer par lui. Et on comprend qu'elle ait écrit à la page suivante cette parole sur l'abandon : « *Oh ! qu'elle est douce la voie de l'Amour !... comme je veux m'appliquer à faire toujours avec le plus grand abandon la volonté du Bon Dieu* » (M.A., p. 211).

Découvrir cet amour, c'est encore une conversion. L'homme ne se convertit pas à Dieu, mais c'est toujours Dieu qui se convertit à l'homme en Jésus-Christ et lui demande d'accueillir cet amour en s'abandonnant à lui. Lorsqu'un homme a compris que Dieu l'avait aimé le premier et que cet amour était agissant dans sa propre vie, il ne lui reste plus qu'une chose à faire : se laisser aimer par

Dieu. Dès que Thérèse a entrevu ce visage d'amour, il y a eu un certain nombre de mots et d'expressions qui ont pris de l'importance pour elle : abandon, silence, écouter, regarder, faire attention, se laisser faire... Tout cela a du prix aux yeux de Dieu parce que c'est seulement ce qui nous permet de recevoir Dieu et de refléter l'infini. Saint Irénée disait : « Le propre de Dieu est de faire, et pour l'homme de se laisser faire » (*Adversus Haereses*).

Thérèse traduit bien cette expérience dans une lettre à sa sœur Céline : « *Quand Jésus a regardé une âme, aussitôt il lui donne sa divine ressemblance, mais il faut que cette âme ne cesse de fixer sur lui ses regards* » (L.T. 202, 26 avril 1892). Thérèse a reçu au cours de sa vie quelques grâces mystiques de ce genre. Pensons à celle du 9 juin 1895 où elle découvre l'Amour Miséricordieux, sans oublier celle du 14 juin 1895 qui est dans la ligne de celle du 9 juin. Elle commençait au chœur le Chemin de Croix : « *Lorsque je me sentis blessée tout à coup d'un trait de feu si ardent que je pensai mourir. Je ne sais comment expliquer cela, c'est comme si une main invisible m'avait plongée tout entière dans le feu. Oh ! quel feu et quelle douceur en même temps ! Je brûlais d'amour, et je sentais qu'une minute, une seconde de plus, je n'aurais pu supporter cette ardeur sans mourir* » (N.V., p. 51-52).

Il y a une autre grâce dont on a peu parlé parce qu'elle se situe au début de sa vie religieuse, au moment de sa prise d'habit, en juillet 1889. Cependant, il est intéressant de la noter car Thérèse dit à la fin une parole qui explique les folies d'amour que peuvent accomplir certains saints. C'est une grâce qui s'apparente au « vol de l'esprit » qui arrache un homme à sa vie normale. C'est au moment où elle va prier au jardin dans la grotte de sainte Madeleine, elle est plongée dans un grand recueillement : « *Il y avait comme un voile jeté pour moi sur toutes les choses de la terre... Je me sentais entièrement cachée sous le voile de la Sainte Vierge. En ce temps-là, j'étais chargée du réfectoire et je me rappelle que je faisais les choses comme ne les faisant pas : c'était comme si j'avais agi avec un corps d'emprunt. Je suis restée ainsi pendant une semaine entière. C'était un état surnaturel bien difficile à expliquer. Le Bon Dieu seul peut nous y mettre et il suffit quelquefois à détacher pour toujours une âme de la terre* » (C.J., XI, 7, 2).

« OH ! CE N'EST PAS CELA ! »

On comprend après de telles grâces que cela suffit à détacher quelqu'un de la terre. On raconte que saint Ignace de Loyola était tourmenté par des tentations contre la chasteté, un jour la Vierge s'est montrée à lui et il a avoué ensuite qu'il n'avait jamais plus été tenté en ce domaine. Quand nous lisons la vie de Thérèse de Lisieux, nous sommes dans l'admiration en voyant la qualité de son amour, son esprit de renoncement et tout ce qu'elle a fait. Un jour qu'elle souffrait moralement (à cause de l'épreuve de la foi, à la fin de sa vie) et aussi physiquement, quelqu'un a parlé d'héroïsme devant elle. Et elle a répondu : « *Oh ! non, ce n'est pas cela !* »

Dans cette réponse, il n'y a pas seulement une rectification, il y a la souffrance de quelqu'un qui n'est pas compris, un peu comme le Christ souffrait de la dureté du cœur de ses apôtres qui n'y comprenaient rien. C'est comme si elle disait : « Vous n'y comprenez rien... Vous êtes à côté de la plaque. » Vous pensez que c'est de l'héroïsme, dû à une

145

« volonté de fer », comme disait un jour un prédicateur à propos de Thérèse. Non, ce n'est pas cela ! Si j'osais, je dirais qu'elle ne pouvait pas faire autrement. Il y a quelque chose d'autre en Thérèse, qui n'est plus de la terre et qui relève de l'Esprit de Pentecôte. Depuis le jour où l'Amour l'a pénétrée de toutes parts, elle a été environnée et transformée par lui.

Comme dit le Père Molinié, o.p. : « Le ciel lui est tombé sur la tête » et à partir de ce jour-là, Thérèse, comme tous les autres saints, était capable des plus grandes folies pour Dieu, de livrer son corps aux flammes ou comme le Père Kolbe d'offrir sa vie en échange d'un autre prisonnier. En d'autres termes, c'est la puissance de Dieu, la « dynamis tou théou » dont parle saint Paul qui l'investit. Comment expliquer autrement l'attitude de Thérèse et celle du Père Kolbe. Avec de l'héroïsme, il aurait pu offrir sa vie, mais pas transformer ce bunker de la faim en un lieu où tous ces morts vivants chantaient des cantiques. Il faut que subitement ces hommes soient mis en présence du ciel, de l'Esprit de Pentecôte pour faire des choses pareilles.

Nous disons parfois : « Je ne serais pas capable de faire comme le Père Kolbe ! » Et nous en sommes tous là, si la force d'en-haut et la puissance de Dieu ne nous sont pas données, mais le jour où le visage du Christ ressuscité se montrera à nous, nous serons capables de tout. Sainte Perpétue souffrait horriblement en prison, dans les douleurs de l'enfantement ; et le bourreau lui dit : « Qu'est-ce que ce sera demain dans l'arène ? » Elle lui répond alors : « Aujourd'hui je souffre par moi-même, demain un autre souffrira en moi ! »

Alors ne disons pas : « Si j'avais le dixième de la volonté de Thérèse, j'y arriverais ! » Là n'est pas la question et en ce domaine, Thérèse se rendait bien compte qu'elle était aussi pauvre que nous. Notre admiration pour le courage des saints les ferait sourire car ils ont été mus et poussés par la puissance de Jésus ressuscité qui leur communiquait son Esprit.

S'ABANDONNER DANS LES BRAS DU PÈRE

Quand on a reçu une telle révélation de l'amour de Dieu, on est capable de tout et d'abord de s'abandonner à son action. C'est comme si Dieu nous disait : « Je t'aime beaucoup plus que tu ne le soupçonnes, laisse-moi prendre le gouvernail, abandonne entre mes mains tous les leviers de commande ! » C'est la situation du bateau qui traverse le canal de Suez : le capitaine doit laisser le gouvernail entre les mains du pilote. C'est une des meilleures images de la foi et de la confiance que je connaisse !

C'est la comparaison de l'ascenseur utilisée par Thérèse : « *Nous sommes dans un siècle d'inventions, maintenant ce n'est plus la peine de gravir les marches d'un escalier, chez les riches un ascenseur le remplace avantageusement* » (M.A., p. 244-245). Nous verrons dans un prochain chapitre que deux ou trois ans auparavant, Thérèse avait dit à Sœur Marie de la Trinité qui se décourageait précisément en face de l'escalier de la perfection à gravir : « *Bientôt vaincu par vos efforts inutiles le (Bon Dieu) descendra lui-même et, vous prenant dans ses bras, vous emportera pour toujours dans son Royaume* » (Déposition de Sœur Marie de la Trinité. P.A. Bayeux. Tome III. Fil. 850 v°).

Qu'est-ce que s'abandonner à Dieu ? C'est autre chose que de monter vers lui, c'est beaucoup plus profond, c'est une dissolution totale de la volonté de Thérèse dans la volonté de Dieu. C'est ce que le Père de Caussade, avec tous les spirituels, appelle l'abandon à la Providence divine.

Pour nous faire comprendre la différence entre le don total et l'abandon, Thérèse a raconté l'histoire du Bienheureux Suso. C'était un amant de la sagesse et il se mortifiait d'une manière terrifiante pour obtenir cette sagesse. Un ange lui apparut un jour et lui dit : « Jusqu'ici, tu étais un simple soldat, maintenant je vais te faire chevalier. Abandonne toutes ces mortifications et ne décide plus rien par toi-même. C'est moi qui réglerai tout. » En lisant cette histoire, Thérèse de l'Enfant-Jésus disait : « *Et bien moi, j'ai été chevalier tout de suite.* » Elle était tellement humble et donc assez purifiée — nous l'avons vu plus haut — pour ne pas connaître ces combats où l'homme veut rivaliser en générosité avec Dieu. Au fond, elle n'a jamais rien décidé par elle-même et chaque fois que Dieu la touchait, elle n'opposait aucune résistance, c'est pourquoi elle obtenait tout ce qu'elle demandait. Dieu résiste à nos demandes parce que nous discutons avec lui. Henri Suso a reçu une lumière — peut-être à cause de son combat précédent — pour comprendre quelque chose de subtil et de plus exigeant, mais d'un autre ordre. Thérèse a été mise d'entrée de jeu en face de cette lumière qui n'a été donnée que tardivement au bienheureux Suso.

Une conclusion : si nous voulons entrer dans la vie d'abandon — certains en font même le vœu —, nous devons désirer cette lumière et la demander réellement. Dieu ne peut pas nous la refuser, si nous y mettons les formes : « S'il te plaît, Seigneur, montre-moi ton Visage de Miséricorde. Dès maintenant, je te remercie de me l'avoir accordé ! » Nous pourrons alors comme saint Paul mener le vrai combat, le bon combat, non pas la lutte à laquelle nous songeons si souvent. Puissions-nous, comme Thérèse, être tout de suite chevalier, même si aujourd'hui nous sommes encore deuxième classe.

L'ACTE D'ABANDON

L'acte par lequel l'homme cesse de marcher vers Dieu pour s'abandonner à lui est purement intérieur. C'est une décision de la liberté profonde de donner la préférence à la pensée de Dieu et à son action en nous. Ainsi l'abandon relève de *l'obéissance de la foi* dont parle Paul à deux reprises dans l'épître aux Romains (1, 5) et (16, 26). L'homme rejoint au plus profond de son être l'attitude du Christ et de tous les témoins de la foi qui disent : *Me voici, ô Dieu, pour faire ta volonté !*

Mais parce que l'homme est chair et esprit, cette décision intérieure doit prendre corps dans un acte qui signifie aux yeux de Dieu et à ses propres yeux, la décision de l'homme de vivre désormais abandonné. Peu importe la formule que l'on utilisera pour faire cet acte, mais il y a lieu de le poser dans les termes qui correspondent à la décision intérieure. Par ailleurs, l'homme vivant dans la durée et l'espace a besoin de renouveler cet acte, car sa liberté est fluctuante. Certains renouvelleront ce don chaque jour dans l'Eucharistie et d'autres aux grandes étapes de leur vie (retraites, récollections, etc).

La formule varie selon la décision intérieure, le mieux serait de composer soi-même son acte d'abandon comme Thérèse l'a fait à propos de l'Acte d'Amour. On peut aussi utiliser la prière du Père de Foucauld ou l'Acte d'Offrande à l'Amour Miséricordieux de sainte Thérèse ou une consécration à la Vierge. Certains, plus habitués aux Exercices de saint Ignace, prendront le « Suscipe ». Il est toujours préférable qu'il soit prononcé à la fin d'une retraite et préparé par des contemplations variées nous orientant vers l'abandon.

L'essentiel dans cette affaire est que nous donnions à Dieu « carte blanche » afin que sa volonté s'accomplisse en nous et que nous y consentions totalement. La lecture des chapitres 11 et 12 de la lettre aux Hébreux peut nous aider à vivre cette attitude de foi : *Par la foi, répondant à l'appel, Abraham obéit et partit pour un pays qu'il devait recevoir en héritage, et il partit sans savoir où il allait (Héb 11, 8).*

A proprement parler, cet Acte lorsqu'il est fait sur une initiative de Dieu, marque une entrée dans une vie mystique. Ce qui constitue l'essence de cette vie n'est pas dans les phénomènes extraordinaires, mais dans une prédominance de l'action de l'Esprit en nous. L'homme se sent porté par la vie de Dieu et sa barque est menée par le souffle de l'Esprit. Il ne décide plus rien par lui-même et attend que Dieu le meuve par l'action de sa grâce. Sa vie tout entière est ressentie comme agie et mue par le Saint-Esprit.

De là viennent les oraisons de quiétude et de silence. Comme Agar, l'homme peut dire dans sa prière : *Tu es un Dieu qui voit* (Gen 16, 13). Et aussitôt qu'une inquiétude surgit dans la vie ou dans la prière, il dit comme Abraham : *Yahvé pourvoit* (Gen 22, 14). Il est malaisé de décrire une telle oraison quand on ne la vit pas soi-même. Le Père Lallemant dit à ce sujet qu'il y a la même différence entre le vécu et l'exprimé, qu'entre un lion vu en peinture et un lion vu dans la réalité.

Je ne dirai pas qu'une telle prière est sans difficulté car l'homme a souvent l'impression de perdre son temps, mais j'ose dire qu'elle est facile en ce sens qu'elle est donnée à l'homme gratuitement et qu'il la retrouve en lui sans effort. On dit de saint Ignace que, parvenu à la fin de sa vie, « il pouvait trouver Dieu quand il le voulait, à n'importe quelle heure » (*Autobiographie,* n° 99). Il lui suffisait de se mettre en prière pour retrouver le sentiment de la présence de Dieu, comme Thérèse n'avait jamais été trois minutes sans penser à Dieu, parce qu'elle l'aimait. Je souhaite et prie pour que cette grâce, préparée à tous ceux qui font l'acte d'abandon, leur soit donnée en plénitude, selon leur état.

11

LA TENTATION CONTRE
L'ESPÉRANCE ET L'ABANDON

Nous voudrions répondre à présent à une question pratique que tout homme engagé à la suite du Christ se pose plus ou moins. Un jour ou l'autre, nous plafonnons dans notre marche vers Dieu et nous faisons l'expérience que nos forces nous trahissent : « *Vous n'arrivez pas à pratiquer la vertu,* me disait-elle souvent : *vous voulez gravir une montagne et le Bon Dieu veut vous faire descendre au fond d'une vallée fertile où vous apprendrez le mépris de vous-même* » (C. et S., p. 26). Bien des péripéties nous obligent à poser la question qui résulte d'une tension entre ces deux attitudes, « gravir » ou « descendre ». C'est alors le problème fondamental de l'espérance qui va se poser à nous.

GRAVIR OU DESCENDRE

La solution nous est donnée par Thérèse dans les Manuscrits. Ce que je dirai ici sera le commentaire de son message à travers ses luttes. Pour profiter de ce message, il faut être tenté dans le domaine de l'espérance et de la confiance. Je dirai que c'est à peu près la seule tentation de la vie. Il ne s'agit pas d'une tentation contre l'abandon.

Le Père Libermann, qui fut un des plus grands maîtres spirituels du XIXᵉ siècle, nous a laissé beaucoup de lettres de direction. Et il dit à peu près ceci : « Une des choses qui paralysent le plus les hommes dans leurs relations avec Dieu et qui les empêche le plus d'avancer, c'est le manque de confiance et d'espérance. » Et il ajoute que c'est un point où le directeur devra batailler le plus énergiquement pour savoir la qualité de la confiance de son dirigé, sans s'arrêter aux « problèmes et tempêtes » qui l'inquiètent.

L'homme qui n'a pas été tenté contre l'espérance, que sait-il ? Je dirai qu'à notre époque, c'est la tentation qui guette surtout les chrétiens, non pas tant une crise de la foi qu'une crise de l'espérance. Les militants, les prêtres, les simples chrétiens sont tentés de baisser les bras et de dire : « Que pouvons-nous faire devant cette situation ? » C'est ce qui explique le désintérêt des militants pour l'action politique ou syndicale et l'intérêt pour les services ponctuels, comme le fait Mère Teresa.

L'homme majeur dans la foi est celui qui a connu ces tentations contre l'espérance et les a traversées. L'homme mineur n'a pas connu ces tentations, celles qui forgent un chrétien et le font passer de l'enfance à l'âge adulte. Et il ne faut pas chercher des « trucs » — passez-moi l'expression ! — pour esquiver ces tentations. Je pense ici à tous ceux qui disent : « Il n'y a pas de péché, pas d'enfer ! » Il faut lutter contre tout sentiment de culpabilité, c'est vrai, mais pas évacuer la crainte réelle de Dieu. Une des raisons pour laquelle la morale est en crise, c'est que nous refusons de nous reconnaître pécheurs et de craindre Dieu. Ceux qui refusent de craindre et de crier vers Dieu refusent en même temps la tentation contre l'espérance, donc ils se dispensent de la confiance en l'Amour miséricordieux, comme dit Thérèse.

Dieu n'est pas une espèce de grand-père indulgent et bonasse qui passe l'éponge sur nos bêtises. Il a trop de respect pour notre liberté pour agir ainsi. On ne peut parler de la miséricorde que si l'on croit à sa justice et à sa sainteté. Et la miséricorde est justement ce pouvoir que Dieu a de prendre un cœur endurci, de le toucher et d'arracher un cri auquel il ne peut pas résister. C'est la confiance qui nous fait crier vers Dieu. C'est ce qui justifie la confiance sans limite que nous prêche Thérèse de l'Enfant-Jésus.

Quand un homme ne pousse pas ce cri de confiance vers Dieu, parce qu'il s'endort dans la fausse sécurité du sommeil, il est séparé de l'Amour miséricordieux par un abîme. Il y a ainsi des hommes qui sont parvenus à une pleine tranquillité de conscience parce qu'ils ont supprimé dans leur vie les exigences de Dieu. Je dois vous mettre en garde contre toute doctrine qui rendrait inutile le message de Thérèse sur la confiance. Il n'est pas question de vous effrayer, mais de vous encourager en vous donnant la vraie sécurité des pauvres.

La doctrine de Thérèse s'adresse à ceux qui voudraient se renoncer et qui n'y parviennent pas. Si vous souffrez d'être sans amour de Dieu et que vous l'avouez humblement, alors Thérèse a une parole pour vous. Je pense ici à la belle prière de Marie Noël que Thérèse pourrait reprendre à son compte :

« Mon Dieu, je ne vous aime pas, je ne le désire même pas. Je m'ennuie avec vous. Peut-être même que je ne crois pas en vous. Mais regardez-moi en passant. Abritez-vous un moment dans mon âme, mettez-la en ordre d'un souffle sans en avoir l'air, sans rien me dire. Si vous avez envie que je croie en vous, apportez-moi la foi. Si vous avez envie que je vous aime, apportez-moi l'amour. Moi, je n'en ai pas et je n'y peux rien. Je vous donne ce que j'ai : ma faiblesse, ma douleur. Et cette tendresse qui me tourmente et que vous voyez bien... Et ce désespoir... Et cette honte affolée. Mon mal, rien que mon mal... Et mon espérance ! C'est tout. »

L'ESPÉRANCE CHEZ THÉRÈSE

Si vous faites la prière de Marie Noël, du fond du cœur et non du bout des lèvres, vous êtes prêts à entendre le message de Thérèse sur l'Amour miséricordieux. Ce message a bien été traduit en langage concret par le Père Desbuquois, un spécialiste de Thérèse dans les années 1900-1920, dans un livre qui vient d'être réédité : *L'Espérance* (1). Le Père Desbuquois était un homme d'action, très engagé, fondateur de l'Action Populaire. Si ce livre a été réédité aujourd'hui, c'est qu'il correspond bien à une attente de notre époque, marquée par une crise de l'espérance. Que dit le Père Desbuquois ?

D'abord, il précise que Thérèse s'adresse à des âmes moins trempées que la sienne. Les sœurs de Thérèse ont toujours avoué que c'était la force qui la caractérisait. En lisant ses écrits, certains risquaient de se tromper à son sujet, en la croyant une « sainte mièvre ». Donc Dieu a donné à Thérèse une force extraordinaire, mais il lui a donné aussi un instinct pour faire comprendre que ce qu'elle enseignait

---

(1) *L'Espérance,* par le P. G. Desbuquois. Nouvelle édition présentée par Pierre Bigo, s.j. et préparée par André Rayez, s.j. Édité chez Beauchesne, 1978.

ne supposait pas la force qu'elle avait. Dans une confidence, Mère Agnès disait : « Dieu lui a donné beaucoup de souffrances pour authentifier son message, mais cela ne veut pas dire que la souffrance fait partie intégrante de son message. » La quatrième partie des *Conseils et Souvenirs* est intitulée « Force dans la souffrance » (pp. 147 à 155, cf. p. 172). Thérèse a dit aussi clairement à Céline, à Marie de la Trinité, à propos de l'Acte d'offrande à l'Amour miséricordieux : « Dans sa pensée en effet, il ne s'agissait pas de s'offrir à tout un luxe de souffrances surérogatoires, mais de s'abandonner avec une entière confiance à la Miséricorde du Bon Dieu » (C. et S., p. 67).

Le message de Thérèse s'adresse à des hommes faibles et non pas à des hommes forts, mais à la condition qu'ils reconnaissent leur faiblesse et s'abandonnent à Dieu. Au fond, Thérèse parle à ceux qui, comme Marie Noël, n'ont ni sa foi, ni son espérance, ni sa charité. Secrètement, nous réagissons ainsi quand on nous parle de sainteté et de l'amour de Dieu et le malheur, c'est que nous nous y résignons. Que de fois ai-je entendu cette réflexion : « La sainteté n'est pas pour tout le monde ! » Première faute contre la foi ! Parfois on ajoute : « La sainteté, ça n'est pas pour moi ! » Et c'est alors une seconde faute contre l'espérance.

Thérèse a l'intention de parler à ces hommes dont la générosité vacille ; qui voudraient se renoncer, se guérir et aimer Dieu à la pleine mesure de leur vocation et qui n'y arrivent pas. Normalement, qu'est-ce que l'on dit à ces personnes-là ? Le Père Desbuquois répond lui-même : « Sachez vouloir. » Ce sont des paroles écrites par un jésuite dont la préoccupation éducative dans les collèges est d'apprendre à vouloir. N'est-ce pas ainsi que l'on nous a traités quand nous disions nos difficultés ? On nous répondait : « Faites effort ! renoncez-vous ! » Ce qui semble bien être le langage de l'Évangile : « Renoncez-vous, portez votre croix ! » C'est ce que diront Cassien et tous les maîtres spirituels. Il n'y a pas de sainteté sans renoncement : c'est à prendre ou à laisser !

LA VRAIE SAINTETÉ

C'est un langage que l'on risque d'oublier aujourd'hui où l'on « gentillise » toutes les doctrines et même l'Évangile, en disant: « Dieu n'en demande pas tant ! » Et cela est grave, parce que du même coup nous gommons tout l'Évangile et nous n'avons plus besoin du message de confiance de Thérèse. Je voudrais vous citer ici un texte du Père de Guibert, ancien directeur de la *Revue d'Ascétique et de Mystique* qui s'est beaucoup penché sur la vie des saints. Chaque fois que je le lis, il fait une profonde impression sur les auditeurs :

« Le travail de l'abnégation du moi est l'œuvre capitale de la vie. Là est la vie spirituelle, le point pratiquement décisif, la position stratégique dominante dont la perte ou le gain décide en fait la bataille de la sainteté.

« L'expérience est là pour le prouver : qu'on examine la vie des saints manqués, je veux dire prêtres, religieux ou simples fidèles excellents, fervents, zélés, pieux et dévoués, mais qui cependant n'ont pas été des saints tout court.

« On constate que ce qui leur a manqué, ce n'est ni une vie intérieure profonde, ni un sincère et vif amour de Dieu et des âmes, mais bien une certaine plénitude dans le renoncement, une certaine profondeur d'abnégation et totalité de l'oubli de soi qui les eût livrés au travail de Dieu en eux.

« Aimer Dieu, le louer, se fatiguer, se tuer même à son service, autant de choses qui attirent les âmes religieuses ; mais mourir totalement à soi-même, obscurément dans le silence de l'âme, se déprendre, se laisser détacher à fond par la grâce, de tout ce qui n'est pas pure volonté de Dieu, voilà l'holocauste secret devant lequel reculent la plupart des âmes, le point exact où leur chemin bifurque entre une vie fervente et une vie de haute sainteté. »

Il y a là toute la différence entre un « saint homme » et un « saint » tout court : le saint homme essaie de tourner autour de Dieu en volant à basse altitude, tandis que le saint a franchi le mur du son : il a accepté de suivre le Christ et de renoncer à tout. Remarquons qu'il ne s'agit pas de faire des prouesses d'ascèse, mais comme le dit le Père de Guibert, de « se laisser détacher à fond par Dieu ». C'est le langage de l'Évangile et personne ne peut toucher à cela et dire le contraire : ce serait trahir l'Évangile. Thérèse ne dit pas le contraire : « *Il ne faut jamais se rechercher soi-même en quoi que ce soit* » (C. et S. p. 105). Nous connaissons l'amour du Christ dans la mesure où nous nous renonçons. Il en va de même pour l'amour de nos frères : un homme rempli de l'amour de soi ne peut pas aimer les autres.

Si nous trichons avec cela, nous n'avons plus besoin du message de Thérèse, car sa doctrine s'adresse précisément à ceux qui ne peuvent y arriver, à ceux que le Christ évoque quand il dit : *Venez à moi, vous tous qui peinez sous le poids du fardeau* (Mat 2, 28). Le Christ s'adresse à ceux qui sont fatigués et qui n'en peuvent plus d'essayer de pratiquer la loi et de ne pas y parvenir et non pas à ceux qui se reposent (C. et S., p. 49). Mais il faut essayer quand même et le vouloir. Le message de Thérèse s'adresse à celui qui reconnaît qu'il faudrait se renoncer et n'y parvient pas. Voilà le problème pratique : *Je ne fais pas le bien que je devrais faire* (Rom 7, 15).

Face à cette impossibilité pratique, il y a la tentation d'avouer : « Je ne peux pas » et cela enveloppe une double vérité, dit le Père Molinié, qui nous a beaucoup inspiré dans cet ouvrage. Les deux vérités sont :

1. Je ne peux pas.

2. Je ne veux pas.

Et l'astuce du démon, c'est de mêler ces deux vérités avec une sorte de mixer !

— Si nous ne voulons pas, nous sommes libres et personne ne peut nous contraindre, même nos déterminismes. Si nous refusons, c'est le jugement de Dieu et au terme le châtiment.

— Si nous ne pouvons pas, Thérèse nous répond : « *Si les âmes les plus imparfaites comprenaient cela, elles n'auraient pas peur.* » Ce qui est impossible aux hommes est possible à Dieu. Il est l'infini et pour nous en donner la possibilité, il nous envoie la force de l'Esprit-Saint. L'astuce spirituelle est de ne pas mélanger les deux.

Je voudrais maintenant vous donner la réponse de Thérèse interprétée par le Père Desbuquois. Lorsque vous n'arrivez pas à vous renoncer sur tel point, par exemple la colère, l'impureté ou l'intempérance, il faut essayer quand même, en sachant qu'il ne s'agit pas de réussir ou de ne pas réussir. Chez Thérèse, la frontière est tracée entre ceux qui essaient et ceux qui n'essaient pas. Entre deux personnes qui ont les mêmes résultats, il peut y avoir un abîme : il y a ceux qui veulent se renoncer et qui ne peuvent pas et il y a ceux qui s'arrangent pour être tranquilles. A force d'être affrontés au spectacle de leur faiblesse, ils s'endorment dans une sécurité hypnotique : « Dieu n'en demande pas tant ! » disent-ils, ou pire encore, ils font mourir en eux tout sens du péché.

Les premiers vont connaître la tentation contre l'espérance et ce sera leur salut, car il vont être acculés à crier « au secours » et à recevoir de Dieu une réponse magnifique, mais s'ils se détournent de cette tentation, ils se détourneront en même temps de ce qui va leur donner le salut et la sainteté. En un sens, la tentation va être le moyen de crier vers Dieu et donc d'être unis à lui. Ce qui va leur donner de permettre de réaliser la parole de Jésus : *Il faut prier sans cesse, sans jamais se décourager* (Luc 18, 1). A ce sujet, saint Jean Climaque dit : « Ne dis pas, après avoir longtemps persévéré dans la prière, que tu n'es arrivé à rien ; car tu as déjà obtenu un résultat. Quel plus grand bien, en effet, que de s'attacher au Seigneur et de persévérer sans relâche dans cette union avec lui » (*Echelle*, 28, 32, 295) (Édition Bellefontaine. P. Deseille).

Le plus grave danger que nous courons ici est d'esquiver cette tentation ou de se décourager ou de se détourner d'elle, non pas la tentation contre la générosité, mais la tentation contre l'espérance et la confiance, celle dont il est question dans le « Notre Père » et c'est pourquoi nous disons à Dieu : *Ne nous soumets pas à la tentation !* Comment cette tentation va-t-elle jouer ? C'est ce que nous verrons dans le chapitre suivant.

12

AU BAS DE L'ESCALIER

Nous avons laissé l'aspirant à la sainteté aux prises avec la tentation contre l'espérance et la confiance. Regardons aujourd'hui comment cette tentation va jouer. Voilà comment le Père Desbuquois explicite la réponse de Thérèse : « *Soutenez votre effort, ne vous découragez pas ! Mais attention, plus vous ferez effort, plus vous serez désespérés.* » La première solution consiste à supprimer l'effort et c'est alors la tranquillité.

La deuxième solution est celle de l'Évangile : *Redevenez un petit enfant qui attend tout de son Père !* Au fond, on a très mal compris l'Évangile, on a interprété le Sermon sur la montagne comme un code de morale : pardonner à ses ennemis, présenter la joue droite à celui qui vous a frappé sur la joue gauche, ne pas désirer une femme dans son cœur... Autant de choses qui sont impossibles à l'homme. Le Christ nous les a précisément demandées pour nous faire comprendre que nous en étions incapables, après avoir essayé de les réaliser. Et c'est alors seulement qu'il peut nous dire : *Redevenez un enfant* (Mat 18, 3). Et *ce qui est impossible aux hommes est possible à Dieu* (Mat 19, 26). Remarquez bien que cette parole de Jésus vient à la suite d'une réflexion des apôtres sur l'impossibilité de la chasteté parfaite. C'est alors seulement qu'il peut nous donner son amour pour aimer le Père et faire sa volonté avec son cœur : « *Pour vous aimer,* dit Thérèse, *il me faut emprunter votre propre cœur.* »

Thérèse ne fera que répéter l'Évangile en nous disant : « *Soutenez votre effort, faites-vous petit et humble comme un enfant, regardez le cœur de Dieu et espérez de son amour la grâce de l'aimer et par conséquent, espérez envers et contre tout la grâce de renoncer à ce qui n'est pas lui !* » La voie de Thérèse n'est pas une voie de facilité car elle ne renonce jamais à l'équation : aimer Dieu égale se renoncer à ce qui n'est pas Dieu. Saint Augustin disait déjà « qu'il fallait aimer Dieu au mépris de soi ou s'aimer soi-même au mépris de Dieu ».

Pour entrer dans cette perspective, il faut être assez fou pour espérer d'obtenir ce que nous ne parvenons pas à réaliser par nous-mêmes, mais pour cela, il faut rester petit. Thérèse dira à Sœur Marie de la Trinité : « *Le seul moyen de faire de rapides progrès dans la voie de l'amour est celui de rester toujours bien petite ; c'est ainsi que j'ai fait ; aussi maintenant je puis chanter avec notre Père Saint Jean de la Croix :*

En m'abaissant si bas, si bas,
Je m'élevai si haut, si haut,
Que je pus atteindre mon but. » (Poème : *Dans un élan brûlant d'amour*).
(V.T., janvier 1979, n° 73, p. 65).

En réalité, la petite voie de Thérèse n'est autre que la « voie étroite » de saint Jean de la Croix et il faut se faire bien petit pour s'y engager : « Je l'entends encore me dire avec un accent inimitable, y joignant gestes gracieux : *Et m'abaissant,* etc. » (Sœur Marie de la Trinité V.T. 73, p. 55).

162

« *LEVER SON PETIT PIED* »

C'est une gymnastique que Thérèse a décrite à travers une image saisissante et suggestive dont elle s'est servie pour sœur Marie de la Trinité qui traversait une tentation contre l'espérance, car Thérèse était exigeante pour ses novices et ne leur laissait rien passer. La novice se décourageait à la vue de ses imperfections et de ses efforts apparemment inutiles. Alors Thérèse lui disait (1) :

« *Vous me faites penser au tout petit enfant qui commence à se tenir debout, mais ne sait pas encore marcher. Voulant absolument atteindre le haut d'un escalier pour retrouver sa maman, il lève son petit pied afin de monter la première marche. Peine inutile ! il retombe toujours sans pouvoir avancer.* » Thérèse accepte la situation de départ : l'enfant ne peut pas monter une seule marche, mais il lève son pied.

« *Eh bien, soyez ce petit enfant ; par la pratique de toutes les vertus, levez toujours votre petit pied pour gravir l'escalier de la sainteté, et ne vous imaginez pas que vous pourrez monter même la première marche ! non ; mais le Bon Dieu ne demande de vous que la bonne volonté.* » Thérèse avait une belle expression pour désigner cette « *bonne volonté* », elle disait que c'était une « *petite chienne qui nous sauve de tous périls et à laquelle on ne peut pas résister* » (C. et S., p. 22).

---

(1) Vous trouverez la totalité de la parole de Thérèse dans *Vie Thérésienne* de janvier 1979, n° 73, dans la rubrique D.C.L. Marie de la Trinité, l'amie d'une Sainte. Nous l'avons découpée en paragraphes afin de pouvoir la commenter.

Aux yeux d'un homme réaliste, c'est absurde ! Il ne faut pas tenter de monter, il n'y a plus qu'à s'occuper d'autre chose, mais surtout pas essayer d'aimer Dieu. Thérèse dit : « Si vous avez la foi, sachez qu'au haut de l'escalier, Dieu vous regarde et il attend » : « *Du haut de cet escalier, il (le Bon Dieu) vous regarde avec amour. Bientôt, vaincu par vos efforts inutiles, il descendra lui-même, et, vous prenant dans ses bras, vous emportera pour toujours dans son Royaume où vous ne le quitterez plus. Mais si vous cessez de lever votre petit pied, il vous laissera longtemps sur la terre.* »

Ce serait absurde d'essayer de gravir l'escalier si Dieu n'était pas en haut, en train de nous regarder et de nous attendre. Et quand il aura estimé que nous serons assez mûrs, à point — et ceci est le paradoxe — car cet effort apparemment stérile et inutile produit un résultat : celui d'épuiser nos prétentions, notre dureté et notre orgueil, afin de rendre notre cœur malléable et souple. C'est le sens des macérations des saints (comme on fait macérer des cornichons dans du vinaigre !). « A quoi servent les jeûnes et les veilles ? demandait un ancien à Abba Moïse ; il répondait : "Ils n'ont d'autre effet que d'abattre l'homme en toute humilité. Si l'âme produit ce fruit-là, les entrailles de Dieu seront remuées à son égard." » Le cœur de l'homme est « comme fané » et quand il a « presque lâché prise à toutes les tentations », Dieu peut intervenir pour lui envoyer « la force sainte » dont il a besoin pour vaincre ses passions (Saint Macaire, *Petite Lettre « ad Filios Dei »).* C'est alors que Dieu viendra nous chercher et nous mènera au haut de l'escalier.

C'est la doctrine de Thérèse qui s'adresse à ceux qui sont tentés contre l'espérance et n'essaient aucune autre solution. Alors la porte s'ouvre et Dieu nous fait monter. Sœur Marie de la Trinité dira : « Depuis ce jour, je ne me désole plus de me voir toujours au bas de l'escalier. Sachant mon impuissance pour m'élever seulement d'un degré, je laisse les autres monter et je me contente de lever sans cesse mon petit pied par des efforts continuels. J'attends ainsi dans la paix le jour bienheureux où Jésus descendra lui-même pour m'emporter dans ses bras. »

« *A ce moment-là*, me disait Thérèse, *serez-vous plus avancée d'avoir gravi 5 ou 6 marches par vos propres forces ? Est-il plus difficile à Jésus de vous prendre au bas plutôt qu'à la moitié de l'escalier ?* »

Et Thérèse va donner la raison profonde de son conseil qui est au-delà du résultat et vise surtout à nous rendre humbles et à épuiser nos prétentions à nous emparer de Dieu : « *Il y a encore un avantage pour vous à ne pas pouvoir monter, c'est de rester toute votre vie dans l'humilité, tandis que si vos efforts étaient couronnés de succès, vous ne feriez pas pitié à Jésus, il vous laisserait monter toute seule et il y aurait tout à craindre que vous ne tombiez dans la complaisance en vous-même* » (V.T., janvier 1980, n° 77, D.C.L. *Marie de la Trinité, l'amie d'une sainte, p. 63*).

A nous de faire l'application concrète à notre propre vie. Nous essayons de lutter contre une tentation et nous n'aboutissons à rien. Que nous reste-t-il à faire ? Continuer simplement, en essayant de croire et d'espérer que l'Amour miséricordieux nous attend au bout de nos efforts difficiles et qu'il viendra nous chercher. Si nous faisons cela, Dieu nous donnera la grâce de l'Amour et à mesure que celui-ci grandira, grandira en nous l'esprit de sacrifice. Et ceci est encore sa doctrine : on n'arrive pas à l'amour par l'esprit de sacrifice, mais on arrive à l'esprit du sacrifice par l'amour. Et comment arrive-t-on à l'Amour ? C'est encore Thérèse qui nous répond : « *C'est la confiance et rien que la confiance qui nous mène à l'Amour.* »

« *PLUS VOUS AVANCEREZ, MOINS VOUS AUREZ DE COMBATS* » (C. et S., p. 186)

Thérèse ne donne aucune recette et ne promet pas à Sœur Marie de la Trinité qu'elle n'aura plus de combat, mais elle veut situer l'effort là où il doit être mis. Il faudra encore lutter, mais pas dans le sens où nous le pensons. Il faut éviter à tout prix ce que nous appelons la « lutte ». C'est le mauvais combat inspiré par l'orgueil. Au début, la novice lutte maladroitement d'un combat stérile, voué à l'échec, comme le combat de saint Pierre qui voulait suivre Jésus jusqu'à la mort. Il y a une première phase où Pierre essaie d'être fidèle à Jésus-Christ par ses propres forces. A un moment donné, quand Jésus le regarde après la trahison, il s'effondre en pleurs et il pourra alors mener le vrai combat : *J'ai combattu le beau combat. J'ai achevé ma course, j'ai gardé la foi* (2 Tim 4, 7). Paul a plus compté sur la grâce de Dieu que sur ses propres forces et ses œuvres (2 Tim 1, 9). C'est l'exemple du bienheureux Suso rapporté par Thérèse.

Il faut une lumière très profonde et très déchirante pour discerner le bon combat du mauvais. Il faut désirer cette lumière et la demander pour mener la vraie lutte. Thérèse dira à la fin de sa vie à sa sœur Céline : « *Plus vous avancerez, moins vous aurez de combats, ou plutôt vous les vain-*

crez avec plus de facilité, parce que vous verrez le bon côté des choses. Alors votre âme s'élèvera au-dessus des créatures » (C. et S. 186). Saint Benoît dira à peu près la même chose dans le Prologue de sa règle : « A mesure que l'on avance dans la vie monastique et dans la foi, le cœur se dilate, et dans l'indicible douceur de l'amour on court la voie des enseignements divins. »

Thérèse dira souvent à ses sœurs qu'il faut lutter contre cette philosophie qui dit : « La vie est dure » et avoue secrètement : « Dieu est dur. » Que d'hommes en veulent à Dieu et ne lui pardonnent pas de les avoir créés ! Ceci est un blasphème car c'est nous qui sommes durs. On disait à Thérèse : « La vie est triste. » « *Non*, répondait-elle, *l'exil est triste, mais la vie est joie.* »

« *Le Bon Dieu*, disait-elle, *a suffisamment de peine, lui qui nous aime tant, d'être obligé de nous laisser sur la terre accomplir notre temps d'épreuve, sans que nous venions constamment lui redire que nous y sommes mal ; il ne faut pas avoir l'air de s'en apercevoir... Il faut souffrir à la dérobée, comme pour ne pas donner au Bon Dieu le temps de le voir* » (C. et S., p. 58).

Il faut lutter en disant : « Seigneur Jésus, prends pitié de moi. Je reconnais que je ne peux pas en sortir de moi-même, que c'est par suite de mon orgueil et de mes fautes cachées, mais ce n'est pas de votre faute ! » Alors quand nous acceptons de nous juger devant lui, Dieu peut nous revêtir de sa miséricorde. A ce moment-là, il nous envoie une grâce, comme à Thérèse le 9 juin 1895 où elle découvre l'Amour miséricordieux et s'offre à lui. La vie des saints fut un combat, mais ils luttaient contre la dureté du cœur pour avoir confiance et appeler « au secours ! » C'est le seul problème et la seule difficulté de la vie : savoir crier vers Dieu. C'est le vrai combat, celui des serviteurs inutiles qui chantent leur amour et supplient Dieu :

« Je me lamentais sur ce que le Bon Dieu semblait me délaisser... Sœur Thérèse répond vivement : *"Oh ! non, ne dites pas cela ! Voyez-vous, même quand je ne comprends rien aux événements, je souris, je dis merci, je parais toujours contente devant le Bon Dieu. Il ne faut pas douter de Lui, c'est manquer de délicatesse. Non, jamais 'd'imprécations' contre la Providence, mais toujours de la reconnaissance"* » (C. et S., p. 72).

Pour terminer, disons enfin que l'attitude recommandée par Thérèse à Sœur Marie de la Trinité peut aussi nous aider à voir clair dans le débat qui oppose parfois vie morale ou spiritualité et psychisme. Il n'est pas toujours facile de démêler la part de responsabilité de l'homme dans ses faiblesses et ses chutes. Un psychisme délabré, pour ne pas dire déséquilibré, peut faire échouer un homme là où sa liberté spirituelle n'est pas entamée. Souvent, il semble faire échec à Dieu au niveau de sa conscience claire, alors qu'au plus profond de son cœur, il consent à Dieu. Thérèse a bien compris cela : « *C'est une grande épreuve de voir tout en noir, mais cela ne dépend pas de vous complètement* » (H.A. p. 209, L.T. p. 287).

Mais il faut aussi faire attention car le plan de la liberté est parfois impliqué, à notre insu, dans celui du psychisme et il se peut que si nous ne sommes pas directement responsables de cette faiblesse, nous le sommes dans un autre domaine où nous n'avons pas conscience. La liturgie nous fait souvent demander à Dieu : « Purifie-nous de nos fautes cachées ! » Le plus simple alors est de ne pas chercher à démêler soi-même ses responsabilités, mais de confesser humblement notre misère, sans la connaître et en demandant à Dieu de bien vouloir nous la révéler :

« *Il ne faut pas croire quand vous ne pratiquez pas la vertu que cela est dû à une cause naturelle, comme la maladie, le temps, ou le chagrin. Vous devez en tirer un grand sujet d'humiliation et vous ranger parmi les petites âmes, puisque vous ne pouvez pratiquer la vertu que d'une façon si faible. Ce qui vous est nécessaire maintenant, ce n'est pas de pratiquer des vertus héroïques, mais d'acquérir l'humilité. Pour cela, il faudra que vos victoires soient toujours mêlées de défaites, de sorte que vous n'y puissiez penser avec plaisir. Au contraire, leur souvenir vous humiliera en vous montrant que vous n'êtes pas une grande âme. Il y en a qui, tant qu'elles sont sur la terre, n'ont jamais la joie de se voir appréciées des créatures, ce qui les empêche de croire qu'elles ont la vertu qu'elles admirent chez les autres* » (C. et S. pp. 22-23).

CONCLUSION
POURQUOI VOUS TOURMENTER ?

Je voudrais vous laisser sur une des paroles, la plus profonde peut-être de l'Évangile, qui revient sans cesse sur les lèvres du Christ, quand il s'adresse aux apôtres et aux disciples : *N'ayez pas peur ! Sois sans crainte, petit troupeau ! Pourquoi vous tourmenter ?* Et il ajoute dans la tempête apaisée, après avoir calmé leur peur, cette parole qui devrait suffire à nous pacifier : *Confiance, c'est moi, n'ayez pas peur* (Marc 6, 50).

Au fond, nous avons peur, parce que nous sommes seuls, mais le jour où nous découvrons le regard attentif et plein de tendresse du Père, l'abandon entre ses bras succède à la crainte. Il ne s'agit pas ici d'un optimisme béat mais d'une confiance fondée dans l'amour agissant de Dieu.

Thérèse le redit souvent : il ne dépend pas de nous de voir la vie en rose ou en noir. La peur et l'inquiétude cherchent loin en nous leurs racines et il faudrait remonter dans la petite enfance pour comprendre que nous avons été « tricotés » (selon une belle expression imagée) dans la peur et le raidissement. Il faut bien voir cette situation de départ et l'accepter, ensuite nous pourrons l'assumer et en émerger.

Trop souvent, nous la fuyons car cette prise de conscience nous révélerait la vérité de notre être de créature suspendue à l'amour du Père. Alors nous éprouvons le besoin de nous rassurer en la fuyant. C'est un grand secret de tomber au fond de sa peur, de s'y abandonner, en criant au secours. Je connais des êtres qui vivent avec un tempérament très peureux et qui, en se laissant tomber au fond de leur peur, sont du même coup tombés en Dieu. Ils ont le courage d'avoir peur et de crier : « Pitié, mon Dieu ! »

Si nous avions le courage d'avoir peur plus profondément, nous trouverions Dieu plus profondément encore. Nous aurions alors trouvé la seule attitude valable pour rejoindre Dieu, le cri vers lui auquel succède l'abandon : *Père, je remets mon esprit entre tes mains !*

Pour cela, il faut vivre de la grâce, dans l'instant présent et surtout, dit Thérèse, ne pas faire de provisions. Il faut abandonner le passé à la miséricorde de Dieu et confier l'avenir à sa Providence. Saint Jean de la Croix dit que cela suppose une purification de la mémoire, je dirai de cette faculté qui a en nous le pouvoir de susciter des craintes et des peurs, au rappel des souvenirs passés. Les souffrances imaginaires sont toujours insupportables et, habituellement, elles n'arrivent jamais.

Vous pouvez imaginer l'épreuve que vous aurez dans une heure ou demain, dit le Père Molinié, mais vous ne pouvez pas imaginer la grâce qui vous sera donnée à ce moment-là. Malheur à vous si vous comptez plus sur vos propres forces que sur la grâce. Saint Benoît dit souvent que le moine tombe parce qu'il a présumé de la grâce de Dieu. Les psychologues nous disent que si l'on pouvait supprimer la mémoire d'un homme, on supprimerait du même coup sa souffrance. Face à l'épreuve actuelle, il faut donc compter uniquement sur la grâce du moment, en faisant chaque fois un acte de confiance.

C'est sur une parole de Thérèse que nous voudrions nous arrêter. Elle résume bien tout ce que nous avons essayé de dire aussi bien sur l'espérance que sur l'abandon. Il s'agissait d'une novice qui lui faisait part de ses craintes pour l'avenir et Thérèse lui disait à peu près ceci : « *S'occuper de l'avenir, c'est se mêler de créer et c'est prendre la place de Dieu.* »

13

« FAIRE PLAISIR AU BON DIEU »

Nous avons suivi Thérèse sur « *l'unique chemin qui mène à l'amour, celui de l'abandon* » (M.A., p. 218). Nous avons essayé de situer ce chemin dans l'ensemble de la géographie spirituelle et surtout nous en avons tracé la topographie avec les courbes et les sinuosités, afin que celui qui s'y engage sache où il met ses pas. Il est temps maintenant pour terminer, de revenir à l'intuition fondamentale de Thérèse car la route est faite pour qu'on y passe et non pour y demeurer. Et cette intuition, c'est l'amour ! Vous me direz qu'il n'y a rien de bien neuf là-dedans puisque l'amour est le fond même de l'Évangile et donc de la sainteté.

Mais il y a quelque chose d'original chez Thérèse et que nous avons noté dans les derniers chapitres ; c'est que chez elle, on n'arrive pas à l'amour par l'esprit de sacrifice, mais on arrive à l'esprit de sacrifice par l'amour. Et bien sûr, on arrive à l'amour par la confiance et rien que par la confiance ! Et voilà bouclé le chemin de l'Évangile. Sa sœur Céline a bien noté l'originalité du message de Thérèse pour qui l'amour de Dieu n'est pas seulement au terme du chemin mais à sa source. C'est l'amour qui la fait agir :

« Contrairement à d'autres mystiques qui s'exercent à la perfection pour atteindre l'amour, sœur Thérèse de l'Enfant-Jésus prenait pour voie de la perfection l'amour même. L'amour fut l'objectif de toute sa vie, le mobile de toutes ses actions » (C. et S., p. 57).

« JE TRAVAILLE POUR SON PLAISIR »

Et chez elle, l'amour va prendre une forme de gratuité et de discrétion dont le seul but est de faire la joie de Dieu. C'est pourquoi elle va utiliser une expression qui reviendra souvent sous sa plume et aussi dans les écrits de ses sœurs : « *Faire plaisir au Bon Dieu.* » Elle dira à Mère Marie de Gonzague : « *Ce qu'elle (votre enfant) estime, ce qu'elle désire uniquement, c'est de faire plaisir à Jésus* » (M.A., p. 246). Nous hésitons un peu à utiliser cette expression car elle a été dévaluée par l'usage mièvre qu'on en a fait. A tout bout de champ, certains l'avaient sur les lèvres, surtout quand ils voulaient obtenir un sacrifice d'un autre, en lui disant : « Fais cet effort pour faire plaisir au Bon Dieu ! » On en a fait aussi le ressort d'une spiritualité « à l'eau de rose ». Le mot « plaisir » passe mal aujourd'hui car les sciences humaines l'ont associé à des satisfactions inférieures et grossières, c'est ainsi qu'on parle d'une morale du plaisir. Et cependant je pense que nous ne devons pas y renoncer puisque nous le trouvons chez Thérèse et qu'il correspond chez elle à une véritable attitude spirituelle. Peut-être serait-il plus exact de dire au lieu de « faire plaisir », « faire la joie de Dieu ». Je pense à cette enfant de huit ans à qui l'on parlait d'une religieuse, fêtant ses vingt-cinq ans de vie religieuse et qui disait d'elle : « Elle a fait la joie de Dieu. » Ce mot « joie » a une connotation plus gratuite et plus spirituelle.

Mais revenons à l'expression de Thérèse pour voir l'attitude spirituelle qu'elle recouvre, elle est toujours la même : « Pendant sa maladie elle me fit cette confidence : *"Je n'ai jamais désiré que faire plaisir au Bon Dieu. Si j'avais cher-ché à amasser des mérites, à l'heure qu'il est, je serais déses-pérée"* (C. et S., p. 57). Elle sait que nos meilleures actions ont des taches devant Dieu, « dans son humilité, elle comp-tait pour rien les œuvres qu'elle avait accomplies et n'esti-mait que l'amour qui les avait inspirées » (C. et S., p. 58).

C'est un peu l'attitude que nous devrions adopter quand nous faisons un cadeau à quelqu'un, le seul motif de notre démarche devrait être de faire plaisir et de lui donner de la joie. Et si un sourire pouvait éclore sur ses lèvres, ce serait notre plus belle récompense. Jésus reviendra souvent dans le Sermon sur la montagne sur cet amour gratuit des autres : *Si vous aimez ceux qui vous aiment, quelle reconnaissance vous en a-t-on ? Car les pécheurs aussi aiment ceux qui les aiment... Et si vous prêtez à ceux dont vous espérez qu'ils vous rendent, quelle reconnaissance vous en a-t-on ? Même les pécheurs prêtent aux pécheurs pour qu'on leur rende l'équivalent. Mais aimez vos ennemis, faites du bien et prê-tez sans rien espérer en retour* (Luc 6, 32-35).

Au fond, Thérèse réagit très fort contre une spiritua-lité de type utilitaire et mercantile qui cherche à acquérir des mérites en contrepartie de ce que l'on ferait pour Dieu. *L'homme n'est pas justifié à cause de ses bonnes œuvres ni par la pratique de la Loi, mais par sa foi en Jésus-Christ* (Gal 2, 16). J'ai un jour rencontré un jeune cistercien qui s'était converti après une vie assez mouvementée et qui m'a dit à peu près la même chose que Thérèse : « Comment faire pour aimer Dieu sans qu'il le sache ? »

« *Les grands Saints ont travaillé pour la Gloire du Bon Dieu, mais moi qui ne suis qu'une toute petite âme, je tra-vaille pour son plaisir, pour ses "fantaisies" et je serai heu-reuse de supporter les plus grandes souffrances, même sans* qu'il le sache, si c'était possible, non afin de lui procurer une gloire passagère — ce serait trop beau — mais si, par là, un sourire pouvait effleurer ses lèvres... Il y en a assez qui veulent êtres utiles ! mon rêve à moi, c'est d'être un petit jouet dans la main de l'Enfant-Jésus... moi je suis un "caprice" du petit Jésus » (C. et S., p. 58).

Le rêve de Thérèse, c'est de s'effeuiller, c'est-à-dire de proclamer que Dieu seul est important et que nous sommes inutiles : « Il y en a assez qui veulent être utiles », dit-elle ! C'est ce que proclame aussi la Vierge dans le Magnificat car elle sait que tous les dons de Dieu sont gratuits. Thérèse se réjouit et remercie Dieu pour tous les dons qu'il lui a faits. Elle rend grâces d'être si précieuse aux yeux de Dieu alors qu'elle est inutile. C'est pourquoi elle rêve de s'effeuiller et de répandre ses forces en libation, c'est-à-dire pour rien, pour faire plaisir à Dieu. Elle dira à sa sœur Céline qui enviait ses œuvres et qui aurait bien aimé composer des poésies : « Il ne faut pas attacher son cœur à cela... Oh ! non, devant notre impuissance, il faut offrir les œuvres des autres, c'est le bienfait de la communion des saints, il ne faut jamais vous faire de peine, mais s'appliquer uniquement à l'amour » (C. et S., pp. 62-63).

« NE LAISSER ÉCHAPPER AUCUN PETIT SACRIFICE »

Thérèse est tout entière dans cette parole : « Il faut s'appliquer uniquement à l'amour. » Et une autre fois, elle dira : « Ce qui nous regarde, c'est de nous unir au Bon Dieu » (C. et S., p. 74). Mais l'amour chez elle n'a rien à voir avec des vœux pieux, c'est un amour qui se traduit dans les actes. En un mot, c'est un amour effectif, comme le demande le Christ dans l'Évangile : *Ce ne sont pas ceux qui disent "Seigneur, Seigneur" qui entreront dans le Royaume, mais ceux qui font la volonté de mon Père qui est aux cieux.* Ignace de Loyola dira la même chose dans la Contemplation pour obtenir l'amour, que l'on pourrait comparer à l'Acte d'offrande à l'Amour miséricordieux : « L'amour doit se mettre dans les actes plus que dans les paroles » (*Exercices,* n° 230).

Thérèse reliera toujours l'amour au don effectif de sa personne qui passe à travers les petits actes. Autant elle est détachée des grandes actions et des œuvres de pénitence éclatantes qui flattent l'orgueil, autant elle tient aux petites actions accomplies par amour. Au fond, c'est cela obéir aux suggestions de l'Esprit qui nous renvoie à l'obéissance au Christ et à l'Église. Et le Christ nous dit que cela ne nous servira à rien d'avoir obéi à tous les commandements si nous n'avons pas obéi à l'Esprit. Il dira au jeune homme riche : « Une chose te manque », justement d'avoir obéi à son invitation gratuite à tout quitter. Pour Thérèse, s'effeuiller, se consumer, brûler à la flamme de Dieu, c'est prouver son amour par de petits sacrifices. Le mot est lâché et il est d'une grande importance, même si on risque aujourd'hui de sourire à son sujet.

Une éducatrice m'a un jour dit : « Jadis on parlait beaucoup de sacrifices et très peu d'amour. Aujourd'hui, on parle beaucoup d'amour et très peu de sacrifice. » C'est vrai ! Nous avons tous été formés dans cette conception qu'il fallait faire de « petits sacrifices » pour montrer notre amour au Seigneur. Nous en faisions même la comptabilité. Et cela

176

n'allait pas sans un certain danger de pharisaïsme et, surtout de croire que la sainteté était l'œuvre de notre propre industrie. La vie s'est bien chargée ensuite de nous détromper et de nous montrer, comme à Thérèse, que Dieu seul pouvait nous rendre saints. Mais il y aurait à revoir aujourd'hui, notre conception du sacrifice. Écoutons ce qu'en dit Thérèse :

« Oui, mon Bien-Aimé, voilà comment se consumera ma vie... Je n'ai d'autre moyen de te prouver mon amour, que de jeter des fleurs, c'est-à-dire de ne laisser échapper aucun petit sacrifice, aucun regard, aucune parole, de profiter de toutes les plus petites choses et de les faire par amour... Je veux souffrir par amour et même jouir par amour, ainsi je jetterai des fleurs devant ton trône ; je n'en rencontrerai pas une sans l'effeuiller pour toi... puis en jetant mes fleurs, je chanterai (pourrait-on pleurer en faisant une si joyeuse action ?) je chanterai, même lorsqu'il faudra cueillir mes fleurs au milieu des épines et mon chant sera d'autant plus mélodieux que les épines seront plus longues » (M.A., p. 232).

En quel sens Thérèse parle-t-elle de « petits sacrifices » pour « faire plaisir au Bon Dieu » ? Au fond, elle sait bien qu'on ne peut pas aimer le Christ sans se renoncer, mais comme elle n'est pas capable de faire de grandes choses, elle doit se réjouir de pouvoir en faire de petites, et ceci dans le seul but de proclamer son amour et surtout son obéissance au Christ. On sait combien Thérèse avait rêvé de faire de grandes pénitences et voilà qu'elle découvre en être incapable. C'est humiliant de vouloir l'infini dans ses désirs et d'être limité dans sa réalité physique.

Ainsi Mère Marie de Gonzague lui avait demandé d'utiliser en hiver une chaufferette pour ne pas avoir froid aux pieds. Et Thérèse disait avec humour : « *Les autres se présenteront au ciel avec leurs instruments de pénitence et moi avec une chaufferette, mais c'est l'amour et l'obéissance qui, seuls, comptent* » (C. et S., p. 64). Elle considérait l'obéissance au-dessus de tout et conseillait à ses novices de ne pas en prendre à leur aise dans ce domaine, surtout lorsqu'il s'agit des petites permissions à demander et elle avouait que ces « *petits riens étaient un martyre* » (C. et S., p. 120).

On serait tenté de sourire de ces « petits sacrifices » et cependant ils ont une valeur inestimable pour ceux qui marchent à la suite du Christ, dans la voie d'enfance. Nous en sourions, mais soyons honnêtes : sommes-nous capables d'en faire de grands ? Alors si vous ne vous sentez pas capable d'obéir héroïquement dans les grandes choses — cela vous sera demandé par Dieu plus tard, comme Jésus l'a dit à Pierre : *un autre te mettra ta ceinture, alors que tu la mettais toi-même jusqu'à présent* — et d'imiter Jésus à l'agonie, proclamez votre désir par des actes qui, dans leur matérialité, ne coûtent rien que cette proclamation.

Faire un sourire, ranger des affaires qui traînent, accepter en silence une humiliation, fermer une porte, écrire une lettre ennuyeuse, prier un quart d'heure gratuitement, rendre un service... des actes qui n'ont aucune apparence et qui, de soi, ne vous font pas avancer dans la vie spirituelle, mais qui proclament votre impuissance à marcher vers Dieu par vous-mêmes. Cette simple proclamation, du fait qu'elle obéit à une inspiration de l'Esprit, est une obéissance pauvre et facile. Et c'est justement ce qui est facile qui est difficile car nous aimons toujours réaliser des exploits pour nous procurer à nous-mêmes une sainteté à la force des poignets.

« JE NE PUIS OFFRIR
QUE DE TRÈS PETITES CHOSES »

Thérèse ne cesse de répéter à Céline et aux novices : ne vous inquiétez pas de vos œuvres, ce n'est pas cela qui est important, mais l'amour qui anime votre vie : « *Allez à votre petit devoir*, dit-elle à sa sœur, *non à votre petit amour* » (C. et S., p. 117). Aimez à faire des choses cachées, dans le seul but de faire la joie de Dieu seul et de sauver les âmes : « *Quel mystère ! Par nos petites vertus, notre charité pratiquée dans l'ombre, nous convertissons au loin les âmes, nous aidons les missionnaires* » (C. et S., p. 96). Qu'elle prie, fasse l'aumône ou jeûne, Thérèse se cache au regard des autres et agit uniquement sous le regard du Père qui voit dans le secret. Elle cache ce qu'elle a de meilleur en elle, pour que Dieu seul en jouisse et c'est de cette façon que les autres en profitent le mieux.

En ce sens Thérèse est vraiment chaste : « *La Sainte Vierge*, dit-elle, *a bien fait de tout garder pour elle, on ne peut pas m'en vouloir d'en faire autant.* » « La chasteté, dit le Père Molinié, c'est la joie d'être le bien de Dieu. Cette joie nous inspire le besoin de nous cacher pour lui appartenir, pour qu'il soit le seul à jouir de nous : ne se révéler aux autres que dans la mesure où lui-même nous le demande. L'esprit de chasteté est donc l'âme du silence. Toute révélation inutile de nous-mêmes est déjà quelque chose d'impur » (Retraite aux Dominicaines de Montligeon, N° 6, pp. 9-10).

Inlassablement, Thérèse revient sur ces petits sacrifices dont la vie quotidienne est tissée. Et quand on fait l'expérience de la faiblesse et de son incapacité à faire ces petites choses, il faut se réjouir de sa pauvreté. Sœur Geneviève lui disait : « Vous êtes délicate avec le Bon Dieu et je ne le suis pas, je le voudrais pourtant bien ! Peut-être que mon désir y supplée ? »

— « *Précisément, surtout si vous en acceptez l'humiliation. Si même, vous vous en réjouissez, cela fera plus de plaisir à Jésus que si vous n'aviez jamais manqué de délicatesse, dites : "Mon Dieu, je vous remercie de ne pas avoir un seul sentiment délicat et je me réjouis d'en voir aux autres... Vous me comblez de joie, Seigneur, par tout ce que vous faites* » (C. et S., p. 59). Le Père Bro intitulera une de ses conférences de Carême à Notre-Dame : « Remerciez Dieu d'être sans espérance ! »

Il faudrait ici relire le livre *Conseils et Souvenirs* où l'on voit concrètement comment Thérèse réagit et vit l'amour à travers les actions les plus ordinaires de sa vie. Elle l'exprime bien à Mère Marie de Gonzague dans les Manuscrits : « *Mère bien-aimée, vous voyez que je suis une très petite âme qui ne peut offrir au Bon Dieu que de très petites choses, encore m'arrive-t-il souvent de laisser échapper de ces petits sacrifices qui donnent tant de paix à l'âme ; cela ne me décourage pas, je supporte d'avoir un peu moins de paix et je tâche d'être plus vigilante une autre fois* » (M.A., p. 301).

Thérèse pose donc des actes pauvres, sans difficulté matérielle, mais qui signifient sa volonté et sa joie de ne pas agir par elle-même : « *Quand on se renonce, on a sa récompense sur la terre. Vous me demandez souvent le moyen d'arriver au pur amour, c'est de vous oublier vous-même et de ne vous rechercher en rien* » (C. et S., p. 106).

Nous recherchons des choses difficiles parce que nous recherchons un certain éclat : celui d'avoir quand même fait effort par nous-mêmes. Il ne s'agit pas de cela. Plus l'acte est facile, plus il est vrai au point de vue de l'obéissance : « Elle me dit simplement que, dans les choses de peu d'importance, elle avait pris l'habitude d'obéir à toutes et à chacune par esprit de foi, comme si c'était Dieu même qui lui manifestait sa volonté » (C. et S., p. 118). Il faut accepter qu'un acte n'ait d'autre sens que celui d'obéir au Christ et à l'Esprit-Saint. C'est l'acte d'amour le plus pur que nous puissions poser, nous dit Thérèse.

Dans notre vie spirituelle, nous pouvons avoir bien des excuses pour nos fautes de faiblesse : nous mettre en colère, par exemple. Il y a des fautes que nous ne pouvons pas pratiquement éviter. Mais à l'opposé, il y a des péchés pour lesquels nous n'avons aucune excuse, sinon ce serait de l'orgueil pur. Nous pouvons toujours prier par exemple, nous priver de quelque chose au cours d'un repas, éviter de dire une parole qui met le feu aux poudres : c'est cela que le Christ recherche, des choses très simples qui sont à notre portée et que l'on peut faire sans excuse. Il faudrait relire dans un livre de Karl Rahner (*Vivre et croire aujourd'hui*, D.D.B., pp. 37 à 39), les pages sur l'expérience de la grâce dans la vie quotidienne. Il montre comment le chrétien fait l'expérience de la vie trinitaire en lui dans la mesure où il se livre gratuitement à Dieu à travers les réalités quotidiennes de l'existence. Il cite des exemples tout simples : accepter de demeurer seul dans sa chambre uniquement pour prier, pardonner à quelqu'un sans que l'on soit contraint par un autre motif que celui d'obéir au Christ qui demande de pardonner aux ennemis.

S'ÉVEILLER POUR DE BON A L'AMOUR DE DIEU

Lorsque nous nous éveillons pour de bon à l'amour de Dieu, nous commençons à nous rendre compte que les choses doivent changer dans notre vie et que nous avons à nous convertir. Nous achoppons à tant de domaines et nous avons à nous défaire de tant de défauts. Nous avons si peu de foi pour arracher ces montagnes d'égoïsme et les transporter dans la mer. Nous n'avons pas la foi de la Chananéenne qui est si puissante, mais nous pouvons demander au Christ la foi comme un grain de sénevé qui déjà cependant, déplace un peu les montagnes.

Le drame, c'est que nous voulons nous convertir en une seule fois, alors nous imaginons des résolutions fracassantes de prière, de service ou d'ascèse, plus imaginaires que réelles et que nous nous empressons d'oublier le lendemain, à cause de notre faiblesse, mais qui entretiennent une bonne conscience en nous. Le Seigneur ne nous demande pas d'entreprendre tout cela d'un seul coup, mais d'entreprendre ce que nous pouvons accomplir aujourd'hui, dans la joie et la paix, parce que nous savons que cela nous est bon.

Voilà le sens des petits sacrifices demandés par Thérèse dans le mouvement d'abandon. Habituellement nous avons dans le cœur une zone où, spécialement, Dieu nous appelle à la conversion, laquelle est toujours le commencement d'une vie nouvelle. Il y a un coin en nous où il nous pousse du coude et nous rappelle que, si nous sommes sérieux avec lui, cela doit changer. C'est souvent le point que nous voulons oublier et peut-être entreprendre plus tard. Nous ne voulons pas entendre sa parole nous condamner à ce propos et, en conséquence, nous essayons de l'oublier et de nous en distraire en travaillant dans un autre coin plus sûr, qui nous demande conversion, mais pas avec le même aiguillon de la conscience.

C'est là que Thérèse nous invite à vivre l'abandon. Il n'est pas facile de reconnaître en nous cette zone précise où Dieu nous appelle à la conversion, nous en émoussons la perception en travaillant sur un autre point que nous voulons corriger, alors que le Seigneur veut précisément autre chose. Thérèse apprend à ses novices à sentir et à reconnaître l'appel à la conversion que Dieu leur adresse à propos de telle zone de leur vie. Elle le fait d'une manière très simple quand ses sœurs viennent lui raconter leurs difficultés vécues dans chaque instant présent. Si elles achoppent sur tel point précis, c'est que Dieu est en train de les travailler en ce domaine et les attend là aujourd'hui. Elles doivent donc collaborer à cette action de Dieu et la favoriser en faisant des actes positifs, plutôt que de s'attaquer arbitrairement à telle ou telle autre imperfection.

Un peu à la fois, nous saisirons à travers ces petits actes une expérience personnelle de l'amour que le Seigneur a pour nous et nous nous abandonnerons à lui. L'abandon passe aussi par cette forme concrète de renoncement. Interrogez-vous là : en acceptant de ne pas refuser ces actes de pur amour, sans lustre, sans éclat, comme le Christ n'avait d'autre gloire que celle de ne pas faire sa volonté... C'est ainsi que vous deviendrez des saints et que vous serez heureux :

« Il ne faut jamais se rechercher soi-même en quoi que ce soit car dès qu'on commence à se rechercher, à l'instant, on cesse d'aimer (Imit. L. III, ch. V, v. 7). *A la fin de ma vie religieuse, j'ai mené l'existence la plus heureuse que l'on* puisse avoir, parce que je ne me recherchais jamais » (C. et S., p. 105).

Et le dernier mot sur lequel je voudrais vous laisser à la fin de cet ouvrage est celui-ci : il n'y a que les gens heureux qui peuvent éviter d'être méchants et apprendre aux autres à ne pas se faire de mal. Mais n'oublions pas non plus que seuls ceux qui ont retrouvé l'intimité avec le Christ sont vraiment heureux.

CONCLUSION

« MA VOCATION, C'EST L'AMOUR »

Au terme de ces pages, peut-être avons-nous entrevu quelques lueurs sur la mission de Thérèse énoncée dans l'introduction et qui est de faire aimer l'Amour ou plutôt, comme elle le précise elle-même dans l'Acte d'Offrande : « *O mon Dieu ! Trinité bienheureuse, je désire vous aimer et vous faire aimer* » (M.A., p. 318) ? En terminant, je vous invite à lire ou à relire la Lettre à Sœur Marie du Sacré-Cœur, communément appelée *Manuscrit C,* véritable lieu théologique de la spiritualité thérésienne, où Thérèse livre à sa sœur Marie « *un souvenir de sa retraite* » qu'elle avait faite au début de septembre 1896 et dont nous avons déjà parlé (Ch. V : La confiance et rien que la confiance). Cette retraite lui avait apporté de grandes lumières sur sa vocation, aussi le 13 septembre, sœur Marie du Sacré-Cœur, sa sœur aînée, lui demanda de les mettre par écrit. Thérèse rédigea ces pages entre le 13 et le 16 septembre 1896.

Nous ne reviendrons pas sur la problématique de ce texte que nous avons déjà analysée, mais sur sa conclusion, là où Thérèse dit qu'elle a découvert sa vocation, au terme d'un long cheminement qui a été retracé dans ce chapitre :

« *Alors, dans l'excès de ma joie délirante, je me suis écriée :
ô Jésus, mon Amour... ma vocation, enfin de l'ai trouvée,
MA VOCATION, C'EST L'AMOUR* » (M.A., p. 229).
Et Thérèse écrit elle-même en majuscules cette formule
lapidaire.

On a presqu'envie de lui dire avec humour : « Il vous
a donc fallu huit ans, depuis votre entrée au Carmel, pour
découvrir votre vocation ! » Non, il ne lui suffisait pas d'être
carmélite, d'être épouse du Christ et mère des âmes pour
réaliser vraiment le nom propre que le Père lui avait donné
en la créant. Ce nom que nous portons tous inscrit en nous
*gravé sur un caillou blanc et que nul ne connaît hormis celui
qui le reçoit* (Apoc 2, 17). Nous passons toute notre vie à
chercher à découvrir ce nom : nous ne le connaissons pas,
nous n'en connaisssons seulement que le besoin, comme
dit Lewis : il n'a jamais réellement pris corps dans aucune
pensée, image ou émotion. Toujours il nous appelle hors
de nous-mêmes pour le suivre et si nous restons assis à ruminer ce désir, à essayer de le caresser, le désir lui-même nous
échappe. (Lewis, *Le problème de la souffrance*. Foi vivante.
Seuil N° 42, p. 180).

Huit années n'étaient pas de trop à Thérèse pour découvrir sa vocation car celle-ci ne lui est pas tombée d'un seul
coup sur la tête. Bien avant son entrée au Carmel, l'Amour
de Dieu avait fait le siège de son cœur pour y pénétrer ;
depuis le 25 décembre 1886 où elle « *sentit la charité entrer
en son cœur et le besoin de s'oublier pour faire plaisir* »
(M.A., p. 109) jusqu'au 9 juin 1895 où, s'étant offerte à
l'Amour Miséricordieux, elle sentit que l'Amour « *la péné-
trait, l'environnait, la renouvelait et purifiait son âme* »
(M.A., p. 211), il y eut toute cette découverte de sa pau-

vreté, de son néant, en un mot de sa misère pour devenir
« *apte aux opérations de l'Amour* » :

On dit habituellement que c'est en lisant les chapitres
XII et XIII de la première Lettre de Paul aux Corinthiens
qu'elle découvrit sa vocation à l'Amour. A y regarder de
plus près, il faut reconnaître que ce n'est pas exact
puisqu'elle dit elle-même qu'elle n'eut pas la paix : « *A
l'oraison, mes désirs me faisaient souffrir un véritable
martyre, j'ouvris les épîtres de St Paul afin de chercher quelque réponse. Les chapitres XII et XIII de la première Epî-
tre aux Corinthiens me tombèrent sous les yeux. J'y lus,
dans le premier, que tous ne peuvent être apôtres, prophètes, docteurs etc... que l'Église est composée de différents
membres et que l'œil ne saurait être en même temps la
main... La réponse était claire, mais ne comblait pas mes
désirs, elle ne me donnait pas la paix* » (M.A., p. 228).

La réponse est claire, mais ne comble pas les désirs de
Thérèse. Saint Paul aura été une voie qui la mènera vers
la découverte de sa vocation, mais celle-ci ne peut lui être
révélée que par la lumière du Saint-Esprit. Et l'Esprit va
agir en elle par le don de science dont la mission est de lui
faire découvrir « le charme d'être une créature », par la prise
de conscience de son « néant », au sens ontologique du
terme, c'est-à-dire une créature qui se reçoit de Dieu.
Comme nous le disions plus haut, c'est cette découverte
là qui creusera en Thérèse la capacité d'accueillir l'Amour
et de découvrir son nom. Voici comment elle continue :

« *Comme Madeleine se baissant toujours auprès du
tombeau vide finit par trouver ce qu'elle cherchait, ainsi,
m'abaissant jusque dans les profondeurs de mon néant, je
m'élevai si haut que je pus atteindre mon but* » (M.A., p.
228). C'est alors qu'elle pourra entendre la suite de la parole

de Paul, mais il fallait avant que l'Esprit la creuse suffisamment en profondeur pour qu'elle puisse être comblée par la Parole de Dieu venant du dehors : « *Sans me décourager je continuai ma lecture et cette phrase me soulagea :* Recherchez avec ardeur les dons les plus parfaits. *Et l'apôtre explique comment tous les dons les plus parfaits ne sont rien sans l'amour... Que la charité est la VOIE EXCELLENTE qui conduit sûrement à Dieu* » (M.A., pp. 228-229).

Ainsi c'est l'Amour, l'Esprit Saint en personne, qui va donner à Thérèse la clé de sa vocation, sous l'influence de l'épître aux Corinthiens, bien sûr, mais en se démarquant nettement du schéma traditionnel des membres décrits par saint Paul. C'est là que Thérèse est vraiment originale dans sa découverte, car tout en intégrant la doctrine des membres, elle va aller beaucoup plus loin et se situer vraiment au cœur de l'Église. Son rôle n'était pas d'évangéliser, ni d'enseigner, ni de subir le martyre, mais d'intérioriser l'Amour au cœur de l'Église pour la sanctifier du dedans, comme le cœur propulse le sang dans l'ensemble du corps. Ce n'est pas elle qui sanctifie l'Église car cette mission revient toujours au Saint-Esprit, comme la mission d'évangéliser, de prophétiser ou de catéchiser, mais sa mission à elle est de s'offrir à l'Amour pour qu'il l'envahisse et la transforme. Elle a enfin trouvé le repos, même si l'Amour la gardera en mouvement jusqu'au jour de sa mort et même après, puisqu'elle continuera sa mission au ciel. Il faut accueillir ce texte-source de la vocation de Thérèse, dans la prière, car il peut délivrer en nous une parole intérieure qui nous révèle vraiment notre vocation, même si nous avons une vocation plus proche de celle décrite par saint Paul dans les membres du Corps :

« *Enfin j'avais trouvé le repos... Considérant le corps mystique de l'Église, je ne m'étais reconnue dans aucun des membres décrits par saint Paul, ou plutôt je voulais me reconnaître en tous.... La charité me donna la clé de ma vocation. Je compris que si l'Église avait un corps, composé de différents membres, le plus nécessaire, le plus noble de tous ne lui manquait pas, je compris que l'Église avait un cœur, et que ce cœur était BRULANT D'AMOUR. Je compris que l'Amour seul faisait agir les membres de l'Église, que si l'Amour venait à s'éteindre, les Apôtres n'annonceraient plus l'Évangile, les Martyrs refuseraient de verser leur sang... Je compris que l'AMOUR RENFERMAIT TOUTES LES VOCATIONS, QUE L'AMOUR ÉTAIT TOUT, QU'IL EMBRASSAIT TOUS LES TEMPS ET TOUS LES LIEUX... EN UN MOT, QU'IL EST ÉTERNEL* » (M.A., p. 229).

Et c'est là qu'elle s'écrie : « *Ma vocation, c'est l'amour.* » Elle précise tout de suite que cette vocation lui a été donnée par Dieu mais qu'il en avait déposé le désir ardent dans son cœur. Dieu ne donne rien qu'il ne fait d'abord désirer et une vocation ne tombe pas du ciel comme un aérolithe mais s'inscrit à l'intérieur des désirs d'un être : « *Oui, j'ai trouvé ma place dans l'Église et cette place, ô mon Dieu, c'est vous qui me l'avez donnée... dans le cœur de l'Église, ma Mère, je serai l'Amour... ainsi je serai tout... ainsi mon rêve sera réalisé !!!...* » (M.A., p. 229).

Mais l'Amour que Thérèse incarnera au cœur de l'Église n'est pas n'importe quel Amour, c'est l'Amour Miséricordieux, ce n'est pas un amour qui s'élève à la force des poignets et dont on peut s'emparer, c'est un Amour qui s'abaisse jusqu'au néant de la créature : « *Oui, pour que l'Amour soit pleinement satisfait, il faut qu'il s'abaisse, qu'il s'abaisse jusqu'au néant et qu'il transforme en feu ce néant »* (M.A., p. 230).

Dans notre relation à Dieu, tout peut être l'occasion de nous enorgueillir, même nos désirs de sainteté, d'ascèse et de prière, il n'y a qu'une attitude de notre part qui ne peut contrefaire ni imiter l'Amour, c'est d'expérimenter sa faiblesse et sa pauvreté, de « l'aimer avec douceur », en un mot d'avoir le cœur brisé de repentir, comme dira Thérèse à la fin de son autobiographie. Dans le manuscrit « C », elle précise sa pensée :

« J'ai compris que mes désirs d'être tout, d'embrasser toutes les vocations, étaient des richesses qui pourraient bien me rendre injuste, alors je m'en suis servie pour en faire des amis. Me souvenant de la prière d'Élisée à son Père Élie, lorsqu'il osa lui demander son double Esprit, je me suis présentée devant les Anges et les Saints, et je leur ai dit : « Je suis la plus petite des créatures, je connais ma misère et ma faiblesse, mais je sais aussi combien les cœurs nobles et généreux aiment faire du Bien, je vous supplie donc, ô Bienheureux habitants du ciel, de m'adopter pour enfant, à vous seuls sera la Gloire que vous me ferez acquérir mais daignez exaucer ma prière, elle est téméraire, je le sais, cependant j'ose vous demander de m'obtenir : VOTRE DOUBLE AMOUR » (M.A., p. 231).

S'il est gratuit, accueilli et reçu, l'Amour n'est pas chez Thérèse un pur sentiment, il est aussi effectif et se prouve par les œuvres (M.A., p. 231). Seulement Thérèse sait qu'elle ne peut pas produire d'œuvres éclatantes qui lui mériteraient d'obtenir l'amour, car sa volonté est faible et elle est pauvre à tous les niveaux, alors il ne lui reste qu'une solution : répondre à cet amour de Dieu par de tout petits actes — ce qu'elle appelle « *les petits sacrifices* » — dont la seule raison d'être est de confesser qu'elle est incapable d'en faire de plus grands, mais qu'elle n'aurait aucune excuse de ne pas réaliser ces petits sacrifices.

« *Mais comment cet enfant témoignera-t-il son Amour, puisque l'Amour se prouve par les œuvres ? Eh bien, le petit enfant jettera des fleurs... Oui, mon Bien-Aimé, voilà comment se consumera ma vie... Je n'ai d'autre moyen de te prouver mon amour que de jeter des fleurs, c'est-à-dire de ne laisser échapper aucun petit sacrifice, aucun regard, aucune parole, de profiter de toutes les plus petites choses et de les faire par amour* » (M.A., pp. 231-232).

Ainsi Thérèse garde toujours l'équilibre entre l'action de Dieu qui opère en elle le vouloir et le faire et sa liberté, en faisant ce qui est en son pouvoir — et qui est peu de chose — pour prouver son amour. Et c'est en pensant à nous que Thérèse achève sa Lettre en suppliant Dieu de se « *choisir une légion de petites victimes dignes de son Amour* » (M.A., p. 237).

En terminant la lecture de ce livre sur l'Amour Miséricordieux, nous serions peut-être tentés de penser que, malgré sa faiblesse, Thérèse était quand même une fille exceptionnelle et que nous sommes à cent coudées de sa cheville. Alors elle nous répondrait en forme de prière : « *Je sens que si par impossible tu trouvais une âme plus faible, plus petite que la mienne, tu te plairais à la combler de faveurs plus grandes encore, si elle s'abandonnait avec une entière confiance à ta Miséricorde infinie.* »

Achevé d'imprimer en février 1998
Saint-Paul France S.A., Bar-le-Duc

Dépôt initial: mars 1987 – Dépôt légal: février 1998 – N° 1-98-0148